JN439783

African Trucking Tour Story

로망 아프리카

Roman Africa

MALI
BURKINA FASO
BENIN
NIGERIA
CENTRAL AFRICAN REP.
COTE D'IVOIRE
TOGO
GHANA
CAMEROON
UGANDA
RWANDA
BURUNDI
EQUATORIAL GUINEA
REP. CONGO
GABON
DEMOCRATIC REP. OF CONGO (ZAIRE)
ANGOLA
ZAMBIA
ZIMBABWE
NAMIBIA
BOTSWANA
LESOTHO
SOUTH AFRICA

Victoria Falls
빅토리아폭포
나미비아
Namibia
Etosha N.P.
에토샤국립공원
Chobe N.P.
초베국립공원
짐바브웨
Zimbabwe
Okavango Delta
오카방고델타
Nata
나타
terberg Plateau N.P.
워터버그고원국립공원
Maun
마운
Gobabis
고바비스
Swakopmund
스워콥문트
보츠와나
Botswana
Namib Naukluft N.P.
나밉나우쿨루프트국립공원
sh River Canyon
피시리버캐년
남아공
South Africa
Gariep River
가리프리버
Citrusdal
시트루스달
Cape Town
케이프타운
TATA

Contents

The Cultural Shock of South African Trucking Tour
나이 들어 아프리카 트러킹 여행 즐긴다는 것

Namibia
독일 여행자들이 즐겨 찾는 나미비아

Epilogue : 남부 아프리카, 그 치명적 유혹을 넘어서

책 속의 Tips

남부 아프리카 4개국 여행메모
2010남아공 월드컵 정보

POLAND
GERMANY
ROMANIA
TURKEY
SYRIA
IRAN
IRAQ
ISRAEL
JORDAN
EGYPT
SAUDIARABIA
YEMEN
CHAD
SUDAN
ETHIOPIA
SOMALIA
CENTRAL AFRICAN REP.
CAMEROON
UGANDA
KENYA
REP. CONGO
GABON
DEMOCRATIC REP. OF CONGO (ZAIRE)
TANZANIA
COMOROS
ANGOLA
MALAWI
ZAMBIA
ZIMBABWE
MADAGASCAR
TURKMENIS
UNITED KINGDOM
SPAIN
SOUTH
Boarding Pass · 탑승권
대한민국
여 권
REPUBLIC OF
KOREA
PASSPORT

Prologue

뭉게구름이 두둥실 떠다니는 파란 하늘이 무척 인상적인 아프리카의 비포장 황토길

프롤로그: 크루즈냐, 사파리냐

Prologue

크루즈냐, 사파리냐..

국영 관광 진흥기관에 22년 동안 근무한 필자는 늘그막에 대학으로 직장을 옮기는 행운을 잡았다. 이런 행운만으로도 감사할 따름인데 대학에 일정기간 봉직했다고 안식년까지 주어지는 혜택을 누리게 되었다. 전공이 관광경영이니 주어진 기회를 활용해 그 동안 못해본 종류의 여행을 해보기로 했다. 당초의 계획은 미국 버지니아대학이 주관하는 선상학기제Semester at Sea[1] 프로그램에 한 학기 동안 참가해 공부를 겸한 세계 일주를 하는 것이었다. 하지만 막대한 비용의 일부를 보충해 보고자 시도했던 방송사의 스폰서가 계획대로 진행되지 않은데다 때 마침 불어 닥친 금융 위기로 환율이 폭등해 부득이 계획을 수정할 수 밖에 없게 되었다.

그래서 비용을 덜 들이면서 크루즈 여행의 효과도 누릴 수 있는 대안으로 선택한 것이 그 동안 못 가본 아프리카와 남미 대륙 여행이다. 두 곳 모두 가보기도 쉽지 않은데다가 시간과 비용이 많이 드는 곳이니 최소한의 비용으로 여행이 가능한 캠핑을 선택하기로 했다.

안식년이 시작된 후 두 달여의 준비를 끝내고 3월 하순 아내와 나는 드디어 아프리카 사파리 캠핑 투어를 위한 장도에 올랐다. 여행은 한 영국 여행사가 제공하는 20일짜리 프로그램이었지만 비행기가 홍콩을 경유하기 때문에 홍콩 2박과 아프리카 여행 국가들의 비자 취득을 위해 체류한 남아공의 케이프타운Cape Town 5박을 합치면 한 달 일정의 사파리 전문 트러킹Trucking[2] 여행이다.

이 프로그램은 아프리카 대륙의 다양한 프로그램 중 하나인데 남아공의 케이프타운Cape Town을 출발해 짐바브웨Zimbabwe의 빅토리아 폭포까지의 6,000여 km에 이르는 기나긴 여정이다. 트러킹 여행중 숙박은 캠핑과 롯지Lodge[3]를 선택할 수 있지만 우리는 비용을 절약할 수 있는 캠핑을 선택했다. 나중에 현지에 도착해서 안 일이지만 케이프타운에선 이와 유사한 사파리 전문 여행상품들이 많이 있어[4] 선택의 여지가 매우 많았다. 일부 상품의 경우는 국내 총판이[5] 있어 이용하기에 매우 편리하다.

• 아프리카 대륙 곳곳에 눈에 띄는 개미 무덤 옆의 필자 부부

1) 미국의 교육기관 ISE institute of shipboard education이 버지니아 대학에 위탁하여 1960년대 이래 매년 봄 · 여름 · 가을 학기에 시행하는 정규 4년제 학부 학기 크루즈로서 전 세계 15개 도시 정도를 주유한다. 비용은 객실 종류에 따라 미화 13,000 불에서 26,000 불까지 소요되며 출항지와 귀항지의 항공료와 정박지에서의 선택 관광비용을 합치면 미화 40,000 불까지의 비용이 소요된다. 자세한내용은 www.semesteratsea.org 참조

2) 아프리카 대륙을 종단 혹은 횡단할 수 있도록 승객용으로 개조한 트럭. 거친 도로와 사막을 효과적으로 달리고 야생 동물을 트럭 안에서 관찰하는 데 최적의 조건을 제공 한다

3) 휴양지 전용 숙박시설로 일반적으로 호텔 수준의 서비스와 시설이 제공 된다

4) · Imaginative Tour
· African Safari
· Nomad Africa
· Expedition Africa
· Drifter's Adventure
등

5) 노매드 아프리카 · 인터아프리카 · 아프리카전문 인도소풍 · 허클베리핀여행사 등

대한민국
여 권
REPUBLIC OF
KOREA
PASSPORT
Boarding Pass · 탑승권
FINLAND
UNITED KINGDOM
POLAND
NETHERLANDS
GERMANY
ROMANIA
TURKEY
TURKMENIS
SPAIN
SYRIA
IRAN
IRAQ
ISRAEL
JORDAN
EGYPT
SAUDIARABIA
YEMEN
CHAD
SUDAN
ETHIOPIA
SOMALIA
CENTRAL AFRICAN REP.
CAMEROON
UGANDA
KENYA
REP. CONGO
GABON
DEMOCRATIC REP. OF CONGO (ZAIRE)
TANZANIA
COMOROS
ANGOLA
MALAWI
ZAMBIA
ZIMBABWE
MADAGASCAR
SOUTH

The Republic of South Africa

남아프리카공화국 케이프타운 희망봉 포토 존

자유 여행자의 천국, 남아프리카공화국

The Republic of South Africa

자유여행자의 천국, 남아프리카공화국

18시간의 비행 끝에 만난 새로운 세상

아직 찬바람이 채 가시지 않은 3월 마지막 주의 이른 아침, 홍콩을 이륙해 열세 시간여의 비행을 마친 남아프리카항공의 은빛 날개는 꿈에 그리던 아프리카대륙 요하네스버그 Johannesburg 공항에 아내와 나를 내려놓고 마침내 그 날개를 접었다. 시간은 대략 아침 일곱 시. 인천공항을 출발한지 열여덟 시간만이다.

내려앉은 비행기 창가로 아침 햇살이 눈부시게 강렬하다. 창가로 비쳐오는 강한 햇살만큼이나 맑은 공기가 느껴진다. 그러나 새로운 세상을 기대한 내게 조복Johannesburg* 공항의 모습만은 다른 공항과 크게 다를 바 없다. 공항의 모습은 전 세계 어디를 가나 거기서 거기다.

* 동 · 서양인을 막론하고 요하네스버그를 그냥 '조복'이라고 줄여 부른다.

홍콩 첵랍콕Chek Rab Kok공항에서 체크인Check~in한 짐을 찾아 조복 공항의 국내선 터미널로 들어서니 유럽이나 미국에 와 있는 느낌이다. 공항터미널에 걸린 삼성과 엘지의 대형 광고판이 가장 먼저 우리를 반겨줘 아프리카대륙의 낯설음을 달래준다. 전 세계 공항을 대상으로 한 우리 대기업들의 광고 캠페인은 매우 적절한 전략인 것 같다. 적어도 우리 같은 한국 여행자들의 가슴을 뿌듯하게 해주고 있기 때문이다.

남아공으로 오는 남아프리카항공 비행기 안에서는 아프리카 오지로 봉사활동을 간다는 일본 청년 두 명과 이웃이 되었다. 일본 국영 해외봉사기구*의 일원으로 자원하여 2년간 아프리카 오지에 체류 예정이라는 그들의 젊음과 여유가 부럽다. 이들 젊은이를 포함해서 아프리카로 여행하는 일본인 여행자들은 꽤 많이 눈에 띄는데 반해 한국인 여행자는 우리 부부 외에는 보이질 않는다.

* 우리나라의 한국국제협력단KOICA와 유사한 기관

남부 아프리카 여행국 비자

케이프타운 공항 컨베이어 벨트Conveyer belt의 짐을 찾아 출국장을 나서니 현지 교민 여행사 사장이 아내 이름의 피켓을 들고 서 있다. 아내와 나는 교민 여행사 사장이 모는 오래된 모델의 벤츠 승용차를 타고 보츠와나Botswana 영사관으로 직행해 비자를 신청한다.

현지 여행사는 공식 비자수수료 외에 발급 대행료만 미화 100달러나 요구해 와 웬만하면 우리가 직접 비자 신청을 해 비용을 절약하고 싶었다. 하지만 보츠와나는 비자 발급 절차가 영사의 자의적 판단에 좌우되어 자칫하면 비자를 못 받을 수도 있다고 한다. 비자 발급에 현지인 인맥이 매우 중요한 역할을 한다는 서울 여행사의 강권에 마지 못해 선택한 대안이다. 어쨌거나 시간의 여유가 있으면 직접 부딪쳐 가는 게 여행의 또 다른 묘미겠지만 마침 주말로 이어져 시간이 여의치 않아 부득이 현지 여행사의 신세를 지게 되었다.

머리가 백발인 여행사 사장은 내 나이 또래쯤으로 보이는데 서비스업에 종사하는 사람 같지 않다. 대행료를 받고 서비스를 하는 입장이면 본분에 충실한 게 좋을 것 같은 데 고객에게 서비스를 한다기보다는 가르치려는 모습이다. 보츠와나 영사는 이 날 우리에게도 여행 바우처Travel voucher가 없다 면서 애를 태웠

• 희귀 야생 동물의 낙원 오카방고델타의 멋진 풍광.
보츠와나의 끝없는 지평선은 아름다우나 비자 받기가 까다롭다

지만 우여곡절 끝에 비자를 받을 수 있었다. 여행 바우처*가 없으면 여행사의 일정표로 대체해도 좋을 법 하건만 자기 나라에 돈 쓰러 온 여행자에게 좀 심한 처사가 아닐까 싶다. 비자 수수료에 매달리는 보츠와나 영사관의 관료적인 모습에 안타까움이 앞선다. 나무 때문에 숲을 보지 못하는 모습이기 때문이다. 공식적인 비자 수수료만으로도 남아공 돈 1,250랜드Rand, 미화로 120달러나 들었다.

* 여행비용을 미리 지불한 숙박, 교통수단 등에 관한 증명서

반면에 나미비아Namibia 비자는 관광사무소에서 담당자가 바로 내주는 시스템이다. 담당 직원도 매우 호의적이어서 무척 대비되는 모습이다. 다만 비자 수수료에 대한 비리를 예방하는 차원인지 비자 수수료Visa fee를 은행에 직접 납부토록 했다. 은행 창구가 붐비어 시간이 걸린 게 흠이라면 흠이다.

우리의 마지막 목적지인 짐바브웨Zimbabwe는 국경비자를 현장에서 준다니 다행이다.

백패커(Backpacker)*의 천국 남아프리카공화국

* 비용은 절약하며 관광은 최대로 하려는 배낭여행자

다행히 아프리카 여행 일정에 필요한 비자를 하루 만에 모두 받은 우리는 숙소인 '더 백패커The Back Packer' 에 여장을 풀었다. 테이블 마운틴Table Mountain을 등지고 있는 이 숙소는 케이프타운Cape Town 현지 분위기를 물씬 풍기고 있는데다가 조용해 맘에 든다. 숙소에 짐을 풀자마자 서울에서 가져온 된장라면을 공용 키친에서 끓여 먹고 바로 잠에 떨어졌다. 대륙을 종단한 긴 비행 여독과 시차 때문에 정신없이 잠에 빠져 들었다.

깊은 잠에서 깨어나 일어나보니 현지 시간 저녁 10시로 눈부시던 남아프리카의 햇살이 어둠 속에 삼켜져 있었다. 무슨 까닭인지 로밍 전화기의 시간이 경유지인 홍콩시간으로 남아있어 현지 시간을 역으로 계산하여 시간을 가까스로 알아냈다. 시계를 챙겨 올 걸! 후회막급이다. 핸드폰에 익숙해 있던 디지털문화의 역공이다.

케이프타운 도착 다음 날은 새벽 네 시 반에 깨어났다.

도착한 날 저녁 제트 랙Jet lag[1]으로 일찍 잠이 든 탓이다. 투숙한 백패커Backpacker[2]는 환경이나 시설이 모두 맘에 들지만 이웃의 움직임이 낱낱이 잡히는 게 흠이다.

1) 장기간의 비행과 시차로 발생되는 피로

2) 이 경우는 배낭여행자 전용 숙소를 지칭

3) 해안을 이용한 관광지. 보통 요트정박시설인 마리나marina와 레스토랑 등이 밀집되어 관광객들이 즐겨 찾고 있다

일찍 깨어난 김에 노트북 전원 연결을 시도해 보니 서울에서 가져온 여행용 플러그들이 모두 남아공 것과 맞지 않는다. 다행히 밤새 술을 마시다 들어오는 피터라는 영국 젊은이를 식당에서 만났는데 플러그 때문에 곤란해 하는 내게 자기는 지금 안 써도 된다면서 플러그를 하나 내놓는다. 쓰고 난 후 내일 아침 프런트에 맡기란다. 그렇지만 그것도 맞지가 않는다. 호주에서 온 친구와 밤새 술을 마셨다는 이 젊은이에게서는 알코올 냄새가 진동을 한다. 홍콩에서 충전해온 노트북 배터리의 파워가 떨어지면 이 글도 더 이상 쓸 수 없게 된다. 내일 아침 일찍 케이프타운 시내 상점에 나가봐야지.

이튿날 백패커Backpacker를 나선 우리는 V&A 워터프런트Waterfront[3]까지 산책 삼아 관광을 나섰다. 도시가 안전한데다가 날씨도 좋아 걷기에는 최적이다. 케이프타운의 메인로드인 롱 스트리트Long Street를 따라서 곳곳에 백패커Backpacker를 위

• 워터프런트의 이정표. 전 세계 주요 도시까지의 거리를 알려주고 있다.

한 숙소와 간단히 식사를 해결할 수 있는 바가 즐비하다. 케이프타운은 백패커의 천국이다.

1 | 필자 부부가 묵은 남아프리카공화국 케이프타운의 알뜰숙박업소 백패커의 모습
2 | 남아공 케이프타운 시가지 풍경
3 | 케이프타운 워터프런트의 호텔. 해저드로 둘러싸여 있어 인상적이다.
4 | 케이프타운의 해안을 이용한 관광지 워터프런트 일대 풍광
5 | 케이프타운 한 수족관 광고. 사랑은 하되 성병은 주의하자라는 의미이다.

Make love, not warts
Save a frog, save yourself
Two Oceans AQUARIUM
www.aquarium.co.za
frogs
Beyond the Pond

5

희망봉의 강렬한 역광을 배경으로
기념사진 한 장.

하루 사계절 체험 '케이프타운'

* 지붕이 없는 관광 전용 2층 버스

다음 날 우리는 여행안내소를 겸하고 있는 숙소 카운터의 안내를 받아 '오픈 에어 더블데커Open-air Double-decker'*의 시내 투어 프로그램을 이용해 케이프타운을 돌아보기로 했다. 매 20분마다 운행된다는 2층 관광버스는 30분을 넘게 기다린 후에나 나타났다. 여행 중에는 인내심이 필요하다.

맑은 하늘을 보며 케이블카로 테이블 마운틴Table Mountain에 올랐는데 정상에 오르니 남쪽 하늘에서 구름이 몰려온다. 케이프타운의 별명이 하루에 사계절을 체험할 수 있다는 뜻의 'Four Seasons in a Day' 이라 더니 날씨가 변덕스럽다.

그러나 해발 1,000m가 넘는 고원, 테이블 마운틴에서 전개되는 케이프타운과 교외의 모습은 매우 아름답다. 멀리 장대한 산맥과 바다들이 구름 속을 넘나들며 겹쳐오고 에메랄드와 하얀 모래의 조화가 아름다운 남쪽 해안에는 지중해풍의 호화 별장과 고급 레스토랑들이 즐비하다. 할리우드의 세기적 영화배우 커플인 브래드 피트Brad Pitt와 안젤리나 졸리Agellina Zolli

의 별장도 이곳에 있단다.

희망봉 때문에 한 번 꼭 와보고 싶던 케이프타운은 주민의 대부분이 백인이다. 흑인들도 눈에 많이 띄긴 하지만 인도계 사람들도 많이 보인다. 남아공이 영국연방인데다 영어권이어서 인도사람들이 오래 전부터 많이 진출한 탓이다. 간디가 인종차별에 항의해 비폭력 무저항 운동을 시작한 곳도 실은 남아공이다. 본래 남아공이었던 나미비아의 수도 윈드혹Windhoek에는 마하트마 간디Mahatma Gandhi로 명명된 거리도 있다.

언론에서 접하는 것과는 달리 흑백갈등이 표면화 되어 보이지는 않는다. 그러나 마침 총선 기간이어서 여기저기 선거벽보가 나붙어 있다. 후보들의 면면이 주로 흑인들이고 ANC*가 선거의 대세를 이끌고 있다고 한다.

길가에서 만난 현지인들은 매우 친절하다. 슈퍼나 음식점에 들르면 넘치는 풍요로움과 높은 생활수준을 읽을 수 있다. 다민족 구성만큼이나 가톨릭 성당, 교회, 무슬림 사원 등을 쉽게 찾아 볼 수 있다. 크고 고급스러운 주택에는 수영장을

* African National Congress: 아프리카민족회의. 1910년 남아프리카연방이 결성된 직후, 흑인의 권리를 제한하기 위한 정부의 '원주민토지법'에 반대해 1912년 요하네스버그의 아프리카인을 중심으로 '남아프리카 원주민민족회의'가 결성되고, 1923년 ANC로 개명했다. 설립 목적은 반인종주의 입장에서 아프리카인의 권리를 옹호하는 데 있으며 간디의 비폭력주의의 영향을 많이 받았다.
제 2차 세계대전 후 ANC의 청년층이 온건한 수단에 반대해 강경노선의 청년동맹을 결성했고, 넬슨 만델라Nelson Rolihlahla Mandela 등 흑인인권 운동가들이 이에 가담했다. 남아프리카연방의 가장 영향력 있는 흑인 정치집단이다.

갖춘 정원을 쉽게 목격할 수 있다.

여행을 원하는 기간만큼 할 수 있으면 얼마나 좋으랴. 그러나 우리의 형편은 늘 우리가 원하는 만큼 주어지는 것은 아니다.

케이프타운 관광당국Cape Town Tourism은 여행자의 형편에 맞춘 여행지를 하루에서 사흘까지의 여정에 따라 추천하고 있다.[1]

> **1) 케이프타운cape town에서 꼭 보아야 할 것들**
>
> ■ 첫 날
> - 이층 시내관광버스 Open top double decker cape town city sightseeing bus를 타고 17개 관광명소를 하루 종일 마음대로 오르고hop on 내릴hop off 수 있다.
> - 이층 시내버스를 타고 세계적인 관광명소인 테이블마운틴의 정상에 올라 케이프타운의 절경을 구경한다.
> - 아파테이트 통치시기에 강제 철거된 '디스트릭트 식스 뮤지엄District Six Museum)을 방문하여 화려한 색상의 원형을 살펴본다.
> - 워터프런트V&A waterfront의 수족관Two oceans aquarium을 구경하거나 쇼핑과 외식을 즐긴다.
> - 저녁 시간만 자유로운 경우 캠프스 베이Camps bay의 석양을 구경한 후 근사한 식당에서 저녁식사를 즐긴 후 롱 스트리트Long street의 라이브 뮤직을 즐긴다.
>
> ◐ 둘째 날
> - 케이프반도Cape peninsular 드라이브. 드라이브 길에 동식물의 보고와 아스팔트에서 노닐고 있는 아프리카 원숭이, 바분Baboon떼를 카메라에 담을 수 있다.
> - 펭귄 서식지 볼더스 비치Boulders beach와 사이몬 타운Simon's town 관광
> - 1913년에 조성된 세계 최초의 식물원, 커스텐보쉬Kirstenbosch National Botanical Garden 탐방. 산책로가 잘 조성되어 있어 산책코스로도 일품이다.
>
> ◐ 셋째 날
> - 넬슨 만델라와 동료 정치범들이 수감되어 있던 로빈 아일랜드Robben Island. 당시의 정치범들이 관광안내를 직접하고 있어 생생한 체험을 할 수 있다.
> - 케이프타운 가이드 투어. 다양한 음식 · 축제 · 공예품을 경험할 수 있다.
> - 와이너리 투어. 와인은 물론 치즈 · 초콜릿 · 올리브유 등을 맛보고 구입할 수 있다.
> - 보 카아압Bo Kaap에서 케이프타운을 굽어보며 즐기는 케이프 말레이Cape Malay 식사

시간에 여유가 있어서 남아프리카공화국의 아름다움을 집중적으로 즐기고 싶은 여행자들에도 꼭 보아야 할 10대 관광명소도 참고할 만하다.[2]

케이프타운은 좋은 날씨와 비교적 싼 물가 그리고 영어 때문에 최근에는 한국 학생들의 조기유학 붐이 일고 있는 곳이기

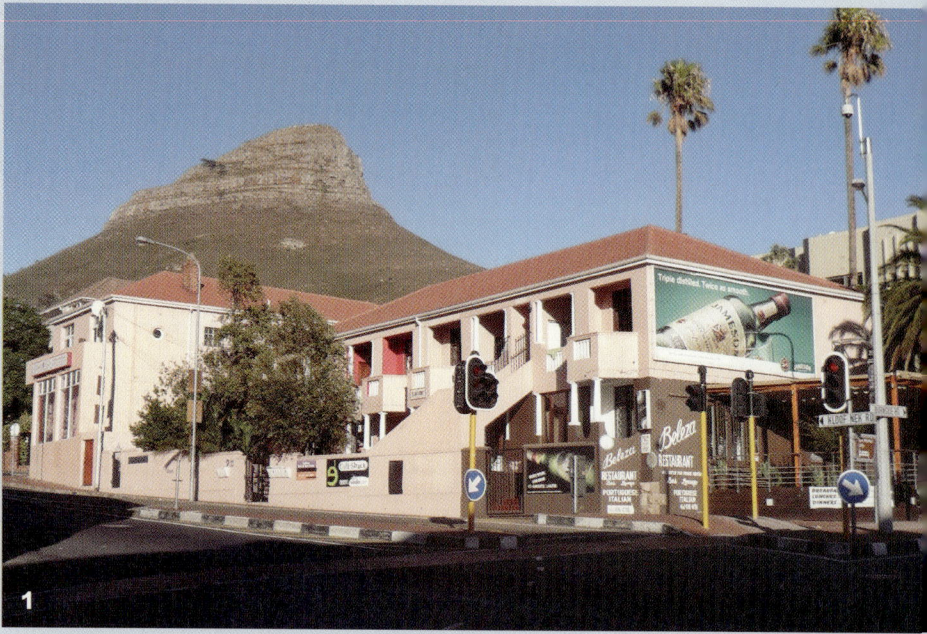

1 | 케이프타운 일우의 아침 풍경, 뒤에 보이는 산봉우리가 라이온스 헤드이다.
2 | 백패커 숙소 안의 크루거 국립공원 투어 안내
3 | 케이프타운 성당의 미사 장면
4 | 케이프타운 해변의 팬터마임

3
4

2) **남아프리카 공화국에서 꼭 보아야 할 10대 관광명소**

① 테이블 마운틴Table Mountain
② 로빈 아일랜드Robben Island
③ 희망봉Cape of Good Hope
④ 가든 루트 the Garden Route–케이프타운에서 N2 고속도로 주변의 해변을 따라 치치카마 숲Tsitsikamma forest까지 600여km 이르는 자연 녹지대. 눈부신 백사장과 조용한 호수 · 아기자기한 어촌마을 · 야생화로 뒤덮인 아름다운 드라이브길
⑤ 긴수염 고래Right Whale 떼–매년 6월부터 11월 사이 남극의 혹독한 추위를 피해 워커 베이(Walker Bay)와 플레튼버그 베이Plettenberg Bay 사이의 케이프 해안으로 몰려온다.
⑥ 노던 케이프Northern Cape의 나마콰랜드 데이지Namaqualand Daisies–해마다 8월~9월에 봄이 오면 겨울비를 흠뻑 머금고 만개해 온 세상을 화려한 색깔로 물들인다.
⑦ 미시즈 플레스Mrs. Ples–요하네스버그 서부의 약 300만 년 된 원시인의 두개골과 고대 인류 화석의 반 이상이 발굴되었다고 하는 '스터크폰테인 동굴Sterkfontein Caves'을 비롯해 수많은 고생물학적 유적지를 관람할 수 있는 '인류의 요람cradle of humankind.' 1936년에 발견되어 유네스코 세계유산으로 등록되어 있다.
⑧ 크루거국립공원Kruger National Park–남아공 최대 규모의 국립공원이며, 사자 · 코끼리 · 표범 · 코뿔소 · 버펄로 등 이른바 아프리카 '빅5'를 볼 가능성이 크다.
⑨ 드라켄스버그 산맥Drakensberg Moutains–1,000km에 걸쳐 장엄한 산악의 모습을 볼 수 있으며, '용의 산'이라는 뜻으로 모험을 즐기는 사람에게 이상적인 장소. 야생동물 보호구역과 부쉬맨Bushmen의 암벽화, 구비 구비 떨어지는 폭포와 높은 봉우리 등 환상적인 경치의 연속이다.
⑩ 타운십 소웨토Township Soweto–남아공에서 가장 큰 아파르트헤이트apartheid 시대의 흑인 거주 지역으로서 요하네스버그의 남쪽에 있는 인구 2백만 명 규모의 역사 · 유적 도시이다. 전통적인 술집인 쉬빈shebeen에서 토속 맥주와 음식을 맛보고 노벨상 수상자인 만델라와 투투 대주교가 한 때 살았던 집들을 둘러볼 수 있는 활기찬 도시.

도 하다. 케이프타운에는 현지 교민을 포함해 1,500 명 정도의 한국인이 거주하고 있다. 한국 식당과 매점도 몇 군데 성업 중이다.

진귀한 식물의 보고(寶庫) '테이블 마운틴 국립공원'

케이프 페닌술라 국립공원Cape Peninsula National Park이라고도 불리며 테이블 마운틴Table Mountain과 케이프 반도 일원을 보호하기 위해 국립공원으로 지정되었다. 1920년대에 설치된 케이블카를 이용하거나 등산으로 쉽게 오를 수 있는 테이블 마운틴 국립공원은 아프리카 최남단에 위치한 희망봉Cape of Good Hope까지를 포함하고 있다.

고원으로 이루어진 테이블 마운틴 정상 일원은 1,470여종의 진귀한 식물들의 보고이다. 테이블 마운틴의 양쪽은 매우 가파른 절벽이다. 가운데는 좌우 길이가 3km에 달하는 고원으로 고원 동쪽에는 데블스 피크Devil's Peak, 서쪽에는 라이온스 헤드Llions Head가 있다. 라이온스헤드 정상까지는 자동차로 접근이 가능한데 이웃한 캠프스 베이Camps Bay와 함께 매일 저녁 수평선 너머로 저물어 가는 선셋sunset의 장관을 가장 잘 구경할 수 있는 곳이다.

해질 무렵의 이곳은 연인들과 구경꾼들로 북적이기 때문에 좋은 자리와 주차장을 확보하기 위해서는 한 두 시간 전에 올라야 한다. 라이온스헤드에서는 만델라가 18년 동안 수감되어 있던 로빈아일랜드Robben Island의 모습도 한 눈에 들어온다. 테이블마운틴에서 가장 높은 지점은 고원의 동쪽 끝으로 해발고도 1,086m에 달한다. 테이블마운틴의 평평한 정상은 구름, 안개 등으로 늘 덮여 있어 심한 경우 등산이 금지되며 올랐더라도 운이 좋아야 산 아래 펼쳐진 북쪽의 아름다운 모습의 케이프타운 전경과 남쪽의 캠프스 베이Camps Bay 해변 전경을 감상할 수 있다.

• 라이온스 헤드에서 바라본 케이프타운 전경

• 라이온스 헤드에서 바라본 황홀한 일몰

RECEPTION
1
2
3
4

1 | 맑은 하늘 위로 구름에 가린 테이블마운틴이 수줍은 듯 얼굴을 내밀고 있는 백패커 숙소 야외 카페에서 환한 표정의 필자 부부
2 | 테이블 마운틴 정상의 필자 부부
3 | 테이블마운틴을 내려오는 케이블카 안에서 만난 남아공 학생들. 활기 넘치는 학생들의 표정은 동서양을 막론하고 다르지 않다
4 | 테이블마운틴에서 내려다 본 케이프타운 워터프런트 전경

• 물개서식지와 바다가재 산지로 유명한 호웃 베이(Hout Bay) 주변의 에메랄드 색 바다를 낀 경치가 환상이다

• 희망봉 등대

남아프리카 여행 선택의 이유 '희망봉Cape of Good Hope'

* 신대륙 발견의 희망. 희망봉 발견 전의 유럽인들은 지브랄타 해협(Gibraltar Strait)이 유럽 세계의 끝으로 알고 지냈다

희망봉Cape of Good Hope*은 내가 남부 아프리카여행을 선택한 또 다른 이유이다. 언젠가는 꼭 희망봉Cape of Good Hope을 밟아보겠다는 희망을 가졌었다. 그 옛날 크리스토퍼 콜럼버스는 신대륙 탐험을 위해 희망봉을 돌아 모험을 감행했었지! 콜럼버스 이전의 유럽 사람들에겐 유럽 세상의 끝은 지브롤터 해협까지였다.

희망봉 가는 날 우리는 숙소의 공용 키친에서 간단히 점심을 해 먹고 화장실에 들러 장거리 운전 준비를 마친 후 렌터카에 올랐다. 렌터카는 영국식으로 오른 쪽 운전석인데다가 비용을 절약하기 위해 수동으로 빌렸더니 운전이 몹시 어설프다. 게다가 길도 익숙하지 않아 이래저래 불안하다. 서툰 운전으로 한 시간 쯤 지났을까? 마침내 길을 잘 못 들었다.

그러나 잘못 들어선 호웃 베이Hout Bay 주변의 에메랄드 색 바다를 낀 경치가 환상이다. 에라! 엎어진 김에 쉬어 가랬다고

PARIS
9 294 KM
SINGAPORE
BERLIN
9 575 KM
RIO DE JANEIRO
6 055 KM
SYDNEY
11 642 KM
JERUSALEM
7 468 KM
NEW YORK
12 541 KM

• 희망봉 등대의 이정표

멋진 배경으로 사진이나 찍고 가지 뭐. 그래서 우리 부부는 차에서 내려 주변 도로 공사장에서 경비를 보고 있는 것처럼 보이는 모습의 흑인에게 사진을 찍어 달라고 했다.

사진을 찍어준 이 흑인이 손을 벌린다. 허를 찔린 기분으로 잔돈을 좀 쥐어 주고 차에 오르던 아내가 차안의 여행용 핸드백을 찾는다. 여기저기 여행용 손가방을 찾던 아내가 갑자기 불안 해 한다. 아무래도 손가방을 숙소에 두고 온 것 같단다. 여권과 현금이 몽땅 든 손가방이다. 내 기억으로 아내는 분명히 숙소의 객실에서 손가방을 지니고 나섰었다. 그렇다면 화장실 앞 소파에 두고 왔을 것 같은 느낌이다. 우리는 손가방 때문에 화장실 앞 소파에 앉아 화장실을 교대로 다녀왔었다. 현금이 든 손가방인데 이 시간까지 온전할까!

아내와 나는 혼비백산해서 차를 돌려 숙소로 달려간다. 온갖 걱정으로 앞이 잘 보이질 않는다. 현금도 현금이지만 비자를 받아둔 여권을 분실하면 나머지 일정이 완전히 무산되기 때문이다. 아내는 이런 상황도 상황이지만 남편의 질책이 있을까 전전긍긍이다. 이래저래 아내의 얼굴이 보기에 민망할 정도로 사색이다. 혼비백산한 채로 숙소에 도착한 나는 한걸음으로 프런트로 달려가 맡겨둔 가방이 있는지 묻는다. 없단다. 이번엔 화장실 앞 소파로 돌진. 그러나 거기도 가방은 보이질 않는다. 혹시 싶어 공용 키친으로 내달아 보니 거기 식탁 의자에 가방이

• 희망봉등대에서 바라본 아름다운 대서양 해변. 희망봉을 돌아가면 인도양과 연결된다.
바다로 길게 뻗은 케이프 포인트Cape Point는 마치 한 폭의 그림이다

• 희망봉 등대를 배경으로 선 필자

고스란히 놓여 있다. 아내와 난 십 년은 감수한 느낌이었지만 안도의 한숨을 비로소 내 쉰다. 마침 시간이 오후의 어중간한 때라서 식당에 손님들의 출입이 없었던 같다. 게다가 이 백패커Backpacker는 24시간 경비를 두고 있어 외부 손님의 출입이 통제되어 다행이었다.

우여곡절 끝에 햇살 눈부신 테이블마운틴국립공원Table Mountain National Park 희망봉 구역Good Hope Section의 바분baboon[1] 떼와 얼룩말zebra 무리를 뚫고 희망봉을 향한다. 경관이 빼어난 희망봉 가는 길에는 펭귄서식지 볼더스 비치Boulders Beach와 사이몬 타운Simon's Town, 물개서식지와 바다가재 산지로 유명한 호웃 베이Hout Bay를 만날 수 있는 곳이지만 가방 때문에 시간을 빼앗긴 우리는 희망봉으로 직행한다.

희망봉으로 알고 오른 등대[2]에는 많은 사람들로 붐비고 주차장에서 바로 탈 수 있는 후니쿨라funicular[3] 역시 승객으로 만원이다. 바다로 길게 뻗은 케이프 포인트Cape Point는 한 폭의 그림이다. 강렬한 햇살, 짙푸른 바다 그리고 깎아지른 절벽의 조화가 일품이다. 등대가 있는 산꼭대기에는 지구 구석구석

1) 차크마chacma 개코원숭이. 남아프리카 산의 몸집이 큰 종류의 원숭이를 일컬음.

2) 희망봉 등대Cape Point Lighthouse는 최초 1861년에 세워졌으나 1911년 호화여객선 루지타니아Lusi-tania호가 벨로우스 암초Bellows Rock에 부딪쳐 침몰된 후 1919년 3월에 준공되었으며 1936년에 전기로 처음 불을 밝힌 강력한 등대이다.

3) 계단식 등반열차mountain railway

• 희망봉 올라가는 길.
가자! 희망봉을 향하여!! 저멀리 희망봉을 향해 오르고 있는 사람들이 보인다.

까지의 표지판을 세워 밋밋했을지도 모를 장소에 의미를 부여하고 사진을 찍을 수 있게 연출했다. 그러나 정작 희망봉Cape of Good Hope은 등대를 다시 내려와 운전을 해서 약간 후미진 구석의 바닷가에 자리하고 있었다. 희망봉을 표시하는 심플한 포토라인이 아니라면 그저 평범한 해변이다. 포토라인 뒤의 작은 희망봉 돌산은 가파르고 거칠지만 아무런 제지 없이 오를 수 있다. 희망봉에 올라 강렬한 역광을 배경으로 기념사진 한 장을 찍는다. 희망봉을 밟고 싶던 희망이 마침내 이루어진 순간이다.

• 희망봉등대에서 바라본 아름다운 바다는 마치 한 폭의 그림이다

• 희망봉 가는 길 해변 풍광

• 테이블 마운틴과 케이프 타운을 한 눈에 조망할 수 있는 케이프타운 북부의 해변풍경

• 케이프타운 근교 와이너리 내의 식당

와이너리Winery와 가든 루트The Garden Route 드라이브

남아공 방문의 뜻하지 않은 선물은 날씨 · 인심 · 물가 · 풍요로움 등 여러 가지인데 그 중 하나가 와인이다. 강렬한 햇살의 해양성 기후 탓으로 남아공은 세계 9위의 와인생산을 자랑하고 있다. 슈퍼에 가면 넘치는 상품과 붐비는 쇼핑의 풍요로운 모습, 그리고 싸고 좋은 와인에 놀라게 된다.

실제로 케이프 타운 근교의 와인 산지인 스텔렌보쉬Stellenbosch · 프란쉬혹Franschhoek 그리고 파알Paarl에는 세계적인 브랜드인 스피어Spier 등의 와이너리winery와 유명한 와인농장wine farm들이 많다.

이곳에는 와인 시음을 하거나 좋은 품질의 와인을 구매하기 위해 많은 사람들이 찾고 있으며 방문자들을 위해 민박은 물론 초호화 시설의 호텔과 식당들까지 잘 구비되어 있다.

아내와 나는 와이너리winery와 국립공원을 즐기기 위해 일부러 렌터카rent-a-car를 했다. 와인 시음을 위해 방문한 와이너리winery는 와인 시음뿐만 아니라 수려한 자연환경을 이용한 호텔 · 식당 · 동물원과 식물원 등의 체험 시설이 망라된 종합 리조트로 개발되어 많은 가족 단위 관광객들이 여유롭게 여가를 즐기고 있어 놀라웠다.

• 와인테이스팅을 즐기고 있는 여행자들

아내와 나는 렌터카를 빌린 김에 케이프타운에서 차로 4시간 정도 떨어진 가든 루트(The Garden Route) 해변을 드라이브했다. 그러나 특별한 기대 없이 출발한 아내와 나는 뜻하지 않은 가든 루트의 아름다운 풍광에 그만 넋을 잃을 지경이었다.

• 로빈 아일랜드의 펭귄 떼

• 로빈 아일랜드 감옥의 흔적

넬슨 만델라의 향취
'로빈 아일랜드Robben Island'

남아프리카공화국의 민권운동가이자 대통령이었던 넬슨 만델라가 18년간 수용되었던 교도소로 유명하다.

• 로빈 아일랜드 감옥의 감시초소
• 로빈 아일랜드를 다시 찾아온 왕년의 정치범들 기념사진. 투투 주교의 모습도 보인다!

자연보호 구역으로 지정된 로빈 아일랜드Robben Island[1]는 아파르트헤이트apartheid[2]정권 당시 이곳에서 수감 생활을 했던 정치범들이 직접 가이드를 하고 있어 인상적이고 펭귄의 서식지로도 유명하다. 유네스코UNESCO에 의해 세계문화유산world heritage site으로 지정되기도 한 로빈 아일랜드는 페리ferry로만 접근이 가능하다. 로빈은 네덜란드어로 물개seals라는 뜻인데 이 섬을 왕복하면서 실제로 물개를 자주 만날 수 있다.

섬 전체가 감옥이었던 로빈 아일랜드는 지금은 폐쇄되어 감옥 박물관prison museum으로 운영되어 많은 관광객들을 끌어 모으고 있다. 미국의 클린턴 전 대통령도 현직 시절에 이곳을 방문한 적이 있고 현직 대통령 오바마Obama는 상원의원 시절에 아프리카 여행의 한 코스로 이곳을 방문했었다. 한세대 동안 아프리카의 흑인 정치범들에게 이곳은 감옥이자 그들의 경험을 서로 공유한 대안학교였다. 워터프런트의 클라크타워Clock Tower 옆의 로빈 아일랜드 박물관Robben Island Museum에서 매일 수차례 출발하는 페리를 타고 이곳을 방문하려면 적어도 하루, 이틀의 여유를 가지고 예약을 해야 가능하다.

1) 케이프타운의 테이블 베이 하버Table Bay Harbour에 서 11km떨어져 있음. 전체 면적 574ha. 클라크타워Clock Tower에서 매일 10시 · 12시 · 오후 2시에 페리가 운행되며 투어시간은 페리 운행을 포함 3시간 30분소요.

2) 원래는 분리 · 격리를 뜻하는 아프리칸스어(語). 남아프리카에서는 약 16%의 백인이 84%의 비백인(非白人)을 정치적 · 경제적 · 사회적으로 차별해 왔다. 백인우월주의에 근거한 이 인종차별은 17세기 중엽에 백인의 이주와 더불어 점차 제도로써 확립되어 왔는데, 1948년 네덜란드계 백인이 아프리카너 정당 AP을 기반으로 하는 국민당의 단독정부 수립 후 더욱 확충 · 강화되어 아파르트헤이트로 불리게 되었다.

1 로빈 아일랜드 행 페리에서 테이블마운틴을 배경으로 포즈 취한 필자 부부

2 로빈 아일랜드 감옥에서 정치범 출신의 가이드 설명을 듣고 있는 관광객들

3 우리 일행을 안내한 가이드로 한 때 정치범으로 이곳 로빈 아일랜드에 투옥되어 있다가 지금은 가이드로 일하고 있다.

4 로빈 아일랜드와 케이프타운 워터프런트 왕복 페리

5 로빈 아일랜드의 교회. 죄수들과 주민이 예배를 보던 곳이다.

6 케이프타운 시내의 한국전 참전 기념비, 뒤에 보이는 산은 테이블마운틴이다.

4

5

6

Boarding Pass · 탑승권
대한민국
여 권
REPUBLIC OF
KOREA
PASSPORT
UNITED KINGDOM
POLAND
GERMANY
ROMANIA
TURKEY
SPAIN
SYRIA
IRAN
IRAQ
ISRAEL
JORDAN
EGYPT
SAUDIARABIA
YEMEN
CHAD
SUDAN
ETHIOPIA
SOMALIA
CENTRAL AFRICAN REP.
CAMEROON
UGANDA
KENYA
REP. CONGO
GABON
DEMOCRATIC REP. OF CONGO (ZAIRE)
TANZANIA
COMOROS
ANGOLA
MALAWI
ZAMBIA
ZIMBABWE
MADAGASCAR
SOUTH

The Cultural Shock of South African Trucking Tour

나이 들어 아프리카 트러킹
여행을 즐긴다는 것.

• 아프리카 사막여행을 위해 트럭을 개조해서 만든 승합차를 타고 아프리카 사막을 달리다 점식식사 준비를 위해 잠시 나무그늘에서 멈추었는데 아무리 뜨거운 날씨라도 나무그늘에만 들어서면 시원하다

The Cultural Shock of South African Trucking Tour

나이 들어 아프리카 트러킹 여행을 즐긴다는 것

동고동락 여행 길동무들과의 만남

케이프타운에서 빅토리아폭포까지 20여 일간 남아프리카 종단 여행을 함께 할 우리 일행은 모두 일곱 명이다. 운전수 겸 가이드와 요리사Chef인 흑인 두 명은 예외이다.

우리 부부 외에 호주 거주의 인도인 젊은 부부. 금슬이 아주 좋다. 프리티Preetie라는 예쁜 이름만큼이나 귀여운 여자는 젠Zen[1]이고 라울Rahul이라는 이름의 남자는 힌두교도다. 모두 채식만을 고집하는 베지테리언vegetarian이다. 라울은 호주 애들레이드Adlades[2]에서 석유 광구 탐사 기술자로 일하고 있고 뉴질랜드 국적의 프리티Preetie는 소프트웨어 프로그래머다. 인도의 명문 기숙학교 동문으로 프리티Preetie는 부유층의 딸이고 라울Rahul은 서민 계급 출신이지만 공부를 잘해 장학생으로 학교를 다녔단다. 여행 내내 이 부부는 남다른 부부 금슬을 자랑했는데 나중에 알고 보니 라울Rahul이 불임이란다. 그래서 인공

1) 참선을 위주로 하는 종교단체로 채식주의를 고집하고 있음.

2) 호주 남부의 도시로 석유 산업의 중심 도시.

1| 마크 백야드. 회계사 출신으로 회사가 합병되자 얹어진 김에 쉬어 가자고 아프리카 여행길에 나선 총각이다.
2| 로리. 미국 루이즈빌 출신으로 회계사이다. 6개월간의 무급휴가를 내고 남편 조수아와 함께 세계 여행을 하고 있는 중이다.
3| 인도계 호주인 라울. 석유광구탐사 기술자로 이 책을 위해 멋진 사진을 제공했다.
4| 빅토리아풍의 빅토리아 호텔을 배경으로 포즈 취한 라울의 부인 프리티의 모습.

수정으로 애를 낳기 위해 정성을 쏟고 있는 중이다. 이 부부는 이번 여행을 위해 부활절 휴가를 끼고 각각 3주씩 휴가를 냈다고 했다.

라울Rahul은 프로 수준의 아마추어 사진작가이기도 하다. 라울의 사진에

3

4

반한 나는 내 여행기와 라울의 사진으로 남아프리카 여행기를 공동으로 내자고 제안했더니 무척 좋아한다. 이 여행기는 이렇게 뜻하지 않은 계기로 세상의 빛을 보게 되었다.

두 번째 동행자는 미국인 젊은 부부이다. 둘 모두 회계사. 스위스 주재 근무를 마치고 회사가 구조조정을 하면서 여자 로리Lori는 퇴사하고 남자 조슈아Joshua는 무급 휴가Pay off*를 선택해 6개월간 세계여행 길에 나섰다. 두 사람 모두 미국 루이스빌Louisville 출신으로 강한 억양의 미국 중부 사투리를 쓰는 순박한 시골 사람들이다. 부인, 로리 Lori는 중학교 시절 윤태영이라는 한국 중학생과 펜팔을 오랜 동안 주고 받은 적이 있

* 일정 기간 무급으로 직장을 휴직하는 제도

• 이번 남부 아프리카 트러킹 여행에 함께 한 일행들과의 오렌지리버 산책

는 지한파다. 엎어진 김에 쉬어 간다고 불경기로 무급 휴가를 받은 참에 세계 일주를 하고 있다. 케냐 등의 중부 아프리카가 다음 목적지이며 이집트 등의 북부 아프리카를 거쳐 동남아 · 중국 · 대양주까지 여행할 계획이다.

세 번째 동행자는 영국 친구로 역시 회계사다. 약혼녀가 현직 초등학교 교사여서 혼자 여행길에 오른 마크 백야드Mark Backyard라는 이름의 이 친구 역시 다니던 회사가 합병M&A되는 바람에 명예퇴직layoff[1]을 하고 명예퇴직금으로 1년 일정의 세계여행을 시작한 경우다. 남아프리카가 그 첫 목적지인데 이 여정이 끝나면 친구 결혼식 참가를 위해 영국에 잠깐 들른 후 남미를 두 달 일정으로 여행할 예정이다. 맨체스터가 고향이지만 리버풀Liverpool 연고의 축구클럽 에버튼Everton[2]의 열렬한 팬이다. 우리의 호프 박 지성 선수의 플레이에 대해서도 매우 호의적이다. 박 지성 선수의 플레이를 지켜보면서 박 지성 선수가 영국 클럽축구의 아시아시장 마케팅을 위한 얼굴마담이라고 생각한 처음의 이미지가 싹 가셨다고 했다.

1) 정리해고, M&A 등으로 인원을 삭감하면서 일정 기간의 보수를 선 지급하는 명예퇴직 제도.

2) 에버튼축구클럽 Everton Football Club은 잉글랜드의 리버풀에 연고를 두고 있는 축구 클럽이다. 1878년에 창단되어 현재에 이르고 있고 지역 라이벌로 리버풀이 있다.

• 일행이 트럭을 타고 3주간을 달려가야 할 아프리카 초원과 비포장 도로. 맑은 하늘이 인상적이다

트러킹Trucking · 랜드크루저Land cruiser · 사이클링Cycling

케이프타운의 한 호텔에서 이른 식사를 마친 우리 일행은 아침 일찍 트럭에 짐을 챙겨 싣고 드디어 20일 간의 장정에 올랐다.

케이프타운Cape Town을 벗어나기 전에 슈퍼에 들러 5 갤런짜리 물을 사

서 같이 싣고 필요한 만큼의 환전을 했다. 트럭 안에는 여행 내내 쓸 라커가 비치되어 귀중품을 보관할 수 있도록 했는데 자물쇠는 각자 구입해야 했다. 슈퍼에서 미국인 젊은 부부와 우리 부부가 같은 크기의 자물쇠를 구입해 돌아왔는데 라커의 열쇠 구멍보다 커 교환을 하기 위해 슈퍼로 돌아갔다. 열쇠 섹션 앞에서 마침 인도 부부를 만나 세 커플이 세 쌍이 들어 있는 열쇠를 공동으로 구입했다. 나중

• 광활한 남아프리카 광야를 달리다가 잠시 정차해 점심을 준비하는 광경

• 취사시설이 완벽하게 갖추어진 취사장과 20인 정원의 아프리카 사막여행을 위해 트럭을 개조해서 만든 승합차. 트럭 밑에는 여행 중 필요한 텐트 · 매트리스 · 샌드위치 식자재 · 이동식 접의자 · 접이식 테이블 · 물탱크 등이 구비되어 있다. 또한 야생 동물의 접근으로부터 안전하도록 여행자들을 보호하기 위해 사다리를 타고 오르는 구조로 되어 있다.

에 트럭에 돌아와 열쇠를 맞추어 보니 모두 똑 같은 열쇠였다. 우리 모두 서로 신뢰할 수밖에 없다며 같이 쓰기로 한다.

실제로 우리 부부는 이 열쇠 덕을 톡톡히 보았는데 열쇠를 라커 안에 놓아두고 자물쇠를 잠가버린 에피소드 때문이다. 여행 중 우리 일행은 열쇠를 지참하지 않을 때가 많아 열쇠를 서로 공유한 경우도 많다. 일행과의 신세는 이것뿐이 아니다. 물과 열쇠를 모두 해결하고 막 출발하려는 찰나에 쇼핑몰의 안경점에 두고 온 선글라스 케이스 생각이 번쩍 떠올랐다. 가이드 겸 운전수인 뱅가이에게 사정 얘길 했더니 얼른 다녀오란다. 여행 내내 이런 일이 비일비재하게 일어날 거라는 위로와 함께. 그러나 미로 같은 쇼핑몰에서 안경점을

• 오렌지 리버 강가의 캠프에 텐트를 친 광경. 캠핑장에 푹신푹신한 잔디는 물론 취사시설과 샤워시설 그리고 바가 완벽하게 구비되어 있다

쉽게 찾지 못해 첫날부터 우리 부부는 일행을 30분이나 기다리게 했다. 더 이상 우리 때문에 일행에게 민폐를 끼쳐서는 안 될 텐데.

우여곡절 끝에 트러킹을 출발하면서 가이드는 우리 일행에게 몇 가지 룰을 정하여 알려준다. 음식을 쉐프chef 혼자서 준비하는 데는 시간이 많이 걸리니 일행을 4개조로 나누어 식사를 돕기로 한다. 설거지는 본인이 사용한 그릇들을 직접 해야 한다. 특히 아프리카는 물이 귀해서 설거지 등에 쓸 물을 위해 탱크가 트럭에 부착되어 있다. 그러나 물을 사용할 때나 식사 전후, 또는 음식을 준비할 때는 위생과 향토 병 예방을 위해 반드시 위생용 세제를 쓴다. 매일 끝을 알 수 없는 사막을 여행해야 하는 만큼 물을 아껴 써야 하는 것은 물론이다.

• 오렌지 리버의 아름다움을 조망할 수 있는 언덕에 지어진 롯지 풍경
• 오렌지 리버 캠프사이트의 취사장과 식당. 안쪽으로 무언가 조리에 열중인 필자의 아내도 살짝 보인다.

첫날은 200km만 달린 후 노천온천 지역The Bath Hot Springs Citrusdal에서 캠핑을 했다. 이 지역은 노천온천 외에 아프리카 야생차인 루이보스rooibos* 집산지로도 유명한 곳이다. 루이보스rooibos 차는 항산화작용이 뛰어나며 알레르기 증세 완화 · 노화방지 · 피부미용 등에도 효과가 탁월한 것으로 유명한데 약효를 열심히 설명 중인 가이드한테 한국에서는 목욕탕 물에 타서 목욕을 한다고 하니 믿기지 않는다는 표정을 짓는다.

캠프촌에는 우리와 같이 트러킹trucking으로 사파리를 즐기는 사람들이 있는 반면 가족 위주의 랜드 크루저land cruiser를 이용한 사파리 여행자들도 많이 보이고 심지어는 사이클링cycling만으로 남부 아프리카를 종주하는 용감한 여행자도 있었다. 프랑스 남자 두 명이었는데 2개월 여정으로 우리가 가는 트러킹trucking 코스를 완주할 예정이란다. 40도를 웃도는 땡볕의 사막에 도전하는 그들이 무모해 보이기도 했지만 한편으로는 부럽기 짝이 없다. 시간과 젊음이 있어야 가능한 도전일 터임으로.

아프리카의 광야는 끝을 알 수 없는 지평선 · 모래사막 · 건기로 말라버린 초원 그리고 맑은 날의 연속이다. 이밖에 매일

* 루이보스rooibos 차는 남아프리카 원주민들이 즐겨 마시던 것으로 남아프리카공화국의 케이프타운 서쪽에 있는 세다르버그Cedarberg 산맥의 450m 이상 고산지대에서 자라는 침엽수이다.
루이보스rooibos 티는 100여 년 전에 유럽에 전파되었으며, 카페인이 없어 아이들도 마실 수 있으며, 철과 칼슘 등 미네랄이 풍부하다.

• 피쉬 리버 캐년 위로 넘어가는 석양의 아름다움에 숨이 멎을 지경이다.

• 에토샤 국립공원의 스프링복. 카메라를 응시하는 듯한 모습이 맑고 순수해 보인다.

아침과 저녁에 예외 없이 볼 수 있는 일출Sun rise과 일몰Sun set, 그리고 운이 좋으면 볼 수 있는 야생 동물들의 여유로운 모습의 끝없는 반복이다.

그렇게 사막과 초원을 하루 종일 달린다. 스프링복springbok[1] · 타조ostrich · 오릭스oryx[2] · 임팔라impala[3] · 얼룩말zebra[4] · 쿠두kudu[5] 등의 아프리카 야생동물들의 간단없는 출현이 우리를 즐겁게 한다. 바분baboon과 몽키monkey의 차이[6]를 이번 여행을 통해 처음 알았다. 바로 이 원시적인 모습을 즐기기 위해 지구촌 구석구석의 사람들이 시간과 비용 그리고 모험을 마다하지 않고 이곳에 몰려오고 있는 것이다.

1) 노루과의 아프리카 특산 초식 동물

2) 노루과의 아프리카 특산 초식 동물로 크기가 노루의 배쯤 되고 뿔이 아름답다.

3) 우리나라의 노루와 아주 유사하며 아름다운 뿔을 가진 수놈 한 마리가 암놈 스무 마리를 거느린다.

4) 아프리카에서 가장 많이 볼 수 있는 초식 동물로 얼룩말의 무늬는 사람의 손금과 같이 같은 것이 없다고 한다.

5) 오릭스와 유사하게 생겼으나 뿔의 굴곡이 심하고 크다.

6) baboon은 덩치가 크고 monkey는 덩치가 작은 원숭이다.

트레킹 첫날밤의 텐트와 캠핑

* 텐트 지지목과 텐트를 연결하는 고리

처음으로 노천온천 야영장에서 텐트를 쳐 보았다. 텐트 설치와 분리는 생각보다 간단하다. 프레임Frame을 세운 후 고리hook*를 걸면 텐트가 서게 되어 있다. 첫날 밤 야영지로 선택된 노천온천 지대The Bath Hot Springs Citrusdal는 케이프타운에서 200km 떨어진 곳으로 섭씨 43도의 자연 노천 온천을 즐기기 위해 많은 사람들이 캠핑을 하고 있었다. 캠핑 시설은 우리가 이번 여행 내내 묵었던 캠핑장 중 최악이다. 첫날 저녁은 해먹지 않고 캠프장에 있는 롯지의 식당에서 매식을 했다.

아프리카 첫날밤의 텐트는 추었다. 밤낮의 일교차가 큰 탓이다. 다음 날 밤부터는 거위 털 침낭 속에 내의를 껴입고 잠자리에 드니 추위를 느낄 수 없었다. 첫날밤을 지내고 아침에 일어나 보니 밤새 누군가가 내 샌들 한 짝을 훔쳐가 보이질 않는다. 그러나 샌들이 밤새 없어졌다고 해도 일행 중 아무도 믿으려 하지 않는다. 사람 짓인가, 아님 원숭이 짓인가. 가이드에게 사정을 말했더니 이곳은 짐승이 접근하지 않는 곳이어서 지금까지 이런 일이 없었다며 왜 텐트 안에 신발을 넣어 두지 않았

• 시트루스달Citrusdal의 노천온천. 일 년 내내 섭씨 43℃를 유지한다.
이 지역은노천온천 외에 아프리카 야생차인 루이보스Rooibos 집산지로도 유명하다

냐며 되레 핀잔이다.

그러고 보니 우리 부부를 제외한 다른 일행들은 모두 신발을 텐트 안에 넣어 두고 있었다. 그래 너희들 문화는 신발을 방안에서 신고 다니고 방안에 보관하지만 우리는 신발을 방안에서 신지도 않고 보관도 현관에 하거든! 그러나 다행히 아침 식사를 마쳤을 즈음 현지인 한 명이 내 잃어버린 샌들을 주어다 놓고 간다. 고맙긴 했지만 당최 누구의 짓이었는지.

염려했던 것과는 달리 첫날밤에 묵었던 곳The Bath Hot Springs Citrusdal을 제외하면 남부 아프리카의 캠프장은 가는 곳마다 시설이 훌륭하다. 전기와 수도 그리고 샤워시설이 잘 되어 있는 곳곳의 캠핑장에는 롯지Lodge와 샬레Challet*가 같이 있어 여행에 불편이 없다. 예산과 건강 형편에 맞추어 숙소를 선택할 수 있다는 얘기다.

텐트에 익숙하지 않은 나는 덤벙대서 마누라한테 핀잔을 듣기도 하지만 스스로도 손·발 할 곳 없이 상처를 많이 입는다. 여유 있게 생각하고 행동하겠다고 다짐해 보지만 타고난 성

* 지역과 경우에 따라 다른 의미를 갖고 있으나 아프리카에서는 텐트와 롯지lodge의 중간 숙박시설로 침대만 있고 화장실과 샤워는 공용 시설을 이용한다.

• 트러킹 여정 중의 캠핑

격과 습관을 바꾸기가 좀처럼 쉽지 않다.

캠핑을 하면서 우리 부부가 가장 나이 든 축에 드는 줄 알았는데 다른 트럭에 70대 노부부가 텐트생활을 하는 것을 보고 깜짝 놀랐다. 이들 노부부는 등뼈가 아파 텐트 바닥에 공기 주입용 매트리스를 사용한다고 했다. 아무렴! 나이는 숫자에 불과할 뿐이지!

• 캠핑장에서 설거지를 하는 필자 부인

문화차이와 갈등 그리고 폭탄주와 라면 파티

아프리카는 우리가 생각한 것과는 전혀 다른 모습이다. 비즈니스의 대부분은 식민지시대의 영향인지 아직도 유럽인들이 운영하고 있고 같은 영향으로 흑인들의 영어 수준이 탁월하다. 물론 대부분의 흑인 원주민들은 아직도 낮은 생활수준의 삶을 영위하고 있는 모습이다. 여행 중에 주유소나 매점 그리고 숙소에 들르면 대부분의 종업원들이 영어를 잘 구사하고 라디오나 TV도 모두 영어로 방송된다.

남들과 일행이 되어 20여일을 같이 지내는 데 다소의 갈등이 없을 수 없다. 그러나 문화차이가 심한 서구인들이나 아프리카의 가이드들과 같이 지내려니 아무래도 그 갈등의 정도가 좀 심각하게 다가오는 것 같다.

하루는 아침에 계란을 잔뜩 삶아 놓았기에 하나를 집어 먹었더니 점심용이라면서 먹어서는 안 된다고 하는 가이드의 어투에 심한 모멸감을 느꼈다. 생각하기 나름이나 굉장히 기분이 나쁘다. 곰곰이 생각해 보니 우리 돈으로 산 음식으로 내 물건 내가 먹은 건데 곱씹을수록 괘씸하다. 좀 잘못이 있었기로서니 어찌 감히 고객한테 이럴 수가 있단 말인가. 그러나 다른 한편으로 생각해보면 먹겠다고 사전에 양해를 구하기만 했더라도 이토록 무안을 당할 일은 없었을 텐데. 이런 경우 서양 사람들은 언행에 매우 신중한 모습이다. 웬만해선 건드리지도 않을뿐더러 필요한 경우라도 반드시 사전에 양해를 구하거나 허락을 받는다. 이렇게 하는 것이 다른 문화와 충돌을 예방할 수 있는 현명한 방법이다. 이를테면 이런 경우 상식과 상대 문화에 대한 배려가 우선이다.

이런 일이 있은 며칠 후 계란프라이가 아침으로 준비되면서 주문을 하란다. 그래서 '투 스크램블two scramble' 하고 주문했더니 가이드 겸 운전수인 뱅가이Vangai가 정색을 하면서 하나만 주문하란다. 이번엔 정말 참을 수 없을 만큼 화가 났다. 일행의 주문이 모두 끝날 때까지 화를 참고 있다가 뱅가이에게 다가가 사전에 계란프라이가 하나만 된다는 고지를 했느냐고 큰소리로 따져 물었더니 뱅가이도 흠칫 놀래고 일행들도 긴장하는 모습이다.

내친 김에 더 이상 조롱감이 되어서는 안 된다는 생각에 일행들의 분위기에 관계없이 몰아 부친다. 다시는 깔보지 못하게 해야지. 이후 뱅가이는 미안해하기보다는 나와의 대화를 피했고 나도 가능하면 뱅가이를 무시하며 지냈다. 자존심이 만만치 않은 친구다. 가이드로서의 카리스마도 있고. 그렇지만 가이드로서 손님에 대한 예우가 우선이지! 어쩌면 뱅가이는 농담을 했었을 수도 있다. 그렇지만 농담은 받아들일 준비나 분위기가 되었을 때만이 농담이 될 수 있는 법이다.

1 | 오카방고 델타의 아프리카 토속 음식 준비 광경
2 | 트러킹 강행군 중 서로 역할을 나눠 점심식사를 준비하는 지구촌 곳곳에서 온 일행들
3 | 세계 최대의 모래둔덕을 포함해 끝이 보이지 않는 모래사막의 연속으로 장관을 이루는 소수스블레이 모래둔(Sosusvlei Sand Dunes 탐사 도중 가이드의 설명을 경청하는 일행들

• 오카방고 델타의 캠핑장에서 물을 끓이며 쉬고 있는 모코로 폴러들

그나저나 아내는 내가 갈등을 유발할 때마다 걱정이다. 나이든 사람이 낯선 사람들에게 창피당할 일이나 책잡힐 일이 있을까봐서다.

1) 맥주와 위스키를 섞어서 마시는 영국 버전의 폭탄주

2) membership - training

곰곰이 생각해보면 우리의 갈등은 피할 수 없는 것일 수도 있다. 운전사이자 가이드가 어른이자 고객을 존칭이 아닌 이름으로 부르고 안내를 할 때면 '친구들 You guys…' 하며 시작하기 때문이다. 우리에게는 몹시 거슬리는 표현이지만 이런 관습은 서양문화이기 때문에 서양 사람들과는 당연히 갈등이 있을 수 없다.

저녁엔 술자리가 빈번하여 하루는 칵테일 바에서 맥주에 위스키 한 잔을 시켜 폭탄주를 제조해 마셨더니 영국 친구, 마크가 영국에도 블랙 포이즌Black Poison[1] 이라는 폭탄주가 있단다. 젊은 사람들의 음주 문화에 대한 대화가 대학의 MT[2] 문화로까지 이어졌는데 영국과 인도에서도 대학 선배들이 신입생 환영회에서 폭탄주를 강권하는 문화는 물론 선배가 후배를 얼차려 시키는 관습도 있다고 해서 또 한번 놀랐다.

술이 거나해지면 누구나 과장이 심해지는 법. 폭탄주 얘기가 나온 김에 소주와 맥주를 섞어먹는 소맥 얘기를 신나게 해 주었더니 이 젊은 친구들, 소주에 대한 관심으로 애간장이 끓는다. 미화 2달러 정도면 살 수 있는 대중적인 술인데 담백하지만 쉽게 취할 수 있다는 말에 모두들 본국에 돌아가면 한식당을 찾아 소주 맛을 꼭 보아야겠다고 난리다. 오호라. 이거 큰일 아닌가! 영국이나 미국의 한식당에 가면 관세 때문에 소주 한 병에 10달러 이상은 지불해야 마실 수 있을 텐데!

이번 여행에 팩소주를 준비 못한 게 이렇게 한스러울 수가. 여행 중에 외국 사람들을 위해 꼭 챙겨야 할 것은 팩소주뿐만이 아니다. 여행 중에 끓여먹는 우리 대한민국의 일회용 커피의 향과 맛은 양의 동서를 막론하고 일품이다.

우리는 여행 일정 중 한 캠프에서 일행들을 위해 준비해간 된장라면으로 조촐한 파티를 열었다. 처음 라면파티를 제안했을 때 라울과 프리티를 제외한 서양 친구들은 무슨 음식인가 해서 매우 경계하며 조심스러워 했다. 그러나 여행중에 라면 국물을 맛본 이들은 라면에 폭 빠져드는 모습이다. 그래서 이들 커플에게 각각 라면 두 개씩을 나누어 주었다.

라면 국물에 반한 일행을 위해 며칠 후 저녁에 라면 파티를 또 한 번 하게 되었다. 이번에는 우리가 원해서 한 게 아니고 일행의 요청에 의해서다. 우리 부부가 저녁을 롯지lodge 식당에서 사먹는 대신 라면을 끓여 먹겠다고 했더니 다들 자기들도 끼워 달랜다. 처음엔 인도 젊은 부부가 신청해 왔는데 마크가 부탁을 해오고 마지막으로 미국 젊은 부부가 합세하였다. 서양 친구들은 각각 레드와인 한 병씩을 사 오겠다고 했고 인도 부부는 이미 나누어준 라면 두 개를 도로 내놓았다. 마크도 두 개 중 하나를 도로 내놓았다. 그러나 우리가 가져온 코펠로 일곱 명분의 라면을 끓이는 것은 불가능해서 쉐프가 가지고 있는 가스와 전기풍로 등의 취사시설을 잠시 빌려 쓰려했지만 아무도 총대를 메려 하지 않아 할 수없이 라면을 네 차례 나누어 끓였다.

국물 있는 라면을 나무젓가락을 이용해서 먹는 것에 대해 매우 조심스러워하는 서양 친구들을 위해, 라면은 소리 내어 먹는 거라고 일부러 강조했건만 서양 사람들은 여전히 소리 내지 않고 조용히 잘도 먹는다. 국물만은 어쩔 수 없이 우리를 따라서 마셨는데 라면 국물을 특히 좋아하는 모습이다.

라면을 끓일 때 인도 부부는 적극적으로 우릴 도왔지만 서양 사람들은 다르다. 그냥 지켜보기만 할 뿐이다. 역시 문화 차이를 무시할 수 없다. 이런 저런 기대를 하지 말고 그냥 베푸는 것을 즐거움으로 삼아야지. 이날 라면 파티에 가이드 뱅가이와 쉐프chef 로버트를 같이 초대하였는데 온다고 약속만 해놓고 끝내

1| 캠핑장에서 캠프파이어를 즐기는 필자와 아마추어 사진작가 라울의 부인들
2| 빅토리아폴 캠프장의 바. 민속음악과 함께 식사와 맥주를 즐길 수 있다
3| 트러킹 여정의 일행들과 함께 한 잠베지 강의 선다운 크루즈에서의 필자 아내의 쉰 네 번째 생일파티 중 한 장면

나타나지 않았다. 이 친구들 고집이 만만치 않네.

나중에 빅토리아폴Victoria Fall 타운에서 여행을 모두 마무리 할 시간이 되자 가이드 뱅가이가 가이드와 여행 전반에 관한 평가서를 내놓으며 솔직하게 평가를 해달란다. 나는 다음 참가들을 위해 있었던 일을 모두 설명하고 평가서에 반영하고 싶었지만 한가한 시간을 내기가 어려워 비고란에 문화차이에 대한 코멘트만 적어 건네주었다. 귀국 후 며칠 지났더니 케이프타운 현지 여행사의 매니저 짐 오브라이언이라는 사람이 이메일을 보내왔다. 자기도 한국 고객 몇 명과 같이 우리와 같은 일정의 여행에 동반한 적이 있었는데 많은 문화차이를 목격하고 체험했었다고 했다. 추후 종사원 교육에 필요하니 문화차이에 관해 경험한 것과 생각한 것들을 정리해 달라는 내용이다.

한편으로는 아프리카 사람들과 우리가 공유하는 문화도 상당히 있다. 아프리카의 젊은이들이나 업소의 종업원들은 손윗사람들이나 손님한테 돈이나 음식을 전달받을 때면 우리와 같이 두 손으로 받는다. 술을 받아 마실 때도 마찬가지 포즈를 취해 놀랐다. 나이 든 사람에 대한 배려가 우리와 같다. 잘 아는 대로 서양 사람들은 모르는 사람끼리 음식을 서로 나누거나 돈을 내주는 일이 없지만 아프리카 · 인도 · 우리나라 사람들은 기분만 내키면 음식도 나누고 일행을 위해 맥주를 사서 돌리는 것이 다르다. 하루는 답례할 줄 모르는 서양 친구들이 미워 인도의 라울 부부와 우리 부부만 몰래 화이트와인을 사서 텐트안에서 같이 나누어 마시기도 했다.

• 남부 아프리카의 모래둔덕 트레킹을 위해 늘어서 있는 차량들.
남아프리카를 여행하면서 가장 큰 애로사항 중 하나는
전화와 인터넷 환경이 열악하다는 사실이다

• 남부 아프리카 여행 도중 코끼리와 무언의 대화를 나누는 한 여행자

남아프리카의 로밍Roaming · 인터넷Internet · 인프라Infra

인터넷과 전화가 아프리카 전역에서 부분적으로나마 서비스 되고 있다. 다만 오지에서나 장거리 드라이브할 때는 장애를 겪었고 우리 이동통신사의 서비스가 제한되어 일부 지역에서는 로밍서비스가 연결되지 않는다.

그러나 여행 환경은 일부 후진된 아시아나 동남아보다 오히려 좋은 편이다. 그렇지만 서울에 남기고 온 딸아이들과 타운에 들를 때마다 공중전화나 인터넷을 시도했지만 여의치 않은 경우가 대부분이었다.

한번은 전화연결과 인터넷이 장기간 되지 않아 현지 전화 시스템SIM*으로 교환하여 로밍을 시도했지만 역시 실패였다. 우리 전화기의 서비스가 이동통신사의 조작으로 국내용으로만 제한해 놓았기 때문이란다. 대신 현지의 이동통신사 직원이 자신의 SIM카드*를 쓸 수 있게 편의를 제공해 주어 겨우 인터넷 연결이 가능했었다. 어디가나 친절한 사람들은 있는 법이다.

아프리카의 인프라는 주요 도시를 제외하면 거친 모습이다. 광활한 사막 길은 대부분 비포장이거나 초벌 포장이다. 전봇대와 전선 그리고 기차 길 정도가 인프라로 보이는 것들 이다. 사막의 벌판은 모래 아니면 메마른 초원길의 연속인데 메마른 초원들은 우기가 되면 파란 초원으로 변해 야생물들의 천국이 된다고 했다.

* Subscriber Identification Module의 약자. 보통 단말기 뒤에 들어가는 슬롯에 끼워 넣는 작은 카드를 지칭. SIM 카드 안에 가입자 정보를 가지고 있어서 이 카드만 핸드폰에 꽂으면 자기 단말기처럼 쓸 수 있다. 해외여행 시 단말기가 아닌 SIM 카드만 있으면 그 나라에서 전화기를 빌려 자기 것처럼 쓸 수 있다.

• 오카방고 델타의 일출

아프리카의 별 그리고 은하수

저녁에 맥주나 와인을 한잔하면 피곤해서 바로 곯아떨어진다. 잠자리에 들면 열린 텐트 사이로 보이는 은하수galaxy*가 참 아름답다. 매일 밤 뻥 뚫린 텐트위로 별과 은하수를 이고 잔다.

어렸을 때 본 고향의 여름 하늘 이후 처음 보는 모습이다. 그 때는 밤마다 마당의 멍석을 등에 업고 마른 쑥의 연기 향기로 모기를 쫓으며 이웃들과 밤하늘의 별똥별과 은하수를 쫓곤 했었다. 그러나 이곳 남아프리카의 밤은 모기와 전쟁을 하지 않아도 된다. 따라서 모기향이나 방충망도 필요 없다. 가이드와의 갈등을 빼면 같이 여행하는 그룹도 좋고 여행 프로그램도 매우 만족스럽다.

여행을 통해 배우는 나이 곱게 먹기

짧은 시간에 많은 곳을 경험하니 그때그때 생각나는 대로 메모해야 한다. 그 때 그때 기록이 되지 않으면 쉽게 잊는다. 다행히 트럭에 테이블이 하나 있어 노트북 쓰는데 도움이 되나 대부분의 길이 거칠어 덜컹거리기 때문에 키를 누르기가 쉽지 않다. 충전도 여의치 않고.

나이 드는 법을 배워야 한다. 남의 일에 참견하지 말고 남의 일에 관대해져야 하고 깔끔하게 하고 다녀야 하고 섭섭해 하지 말고. 아름답게 늙어 가는 게 얼마나 힘든 일인지. 노력해야 한다. 1회용을 재활용하려는 노력은 좋지만 재사용을 목적으로 휴대하고 다닐 정도로 집착하지는 말자. 추해 보인다. 대인 관계에서 균형 감각을 갖는 게 참 쉽지 않다. 나이가 들수록 멋있게 늙어가야 할 텐데. 평생을 경쟁 환경에 살아온 탓으로 텐트도 가장 먼저 치고 텐트 자리도 먼저 점령한다고 라울이 그런다. 결코 칭찬으로 들리지 않는 말이다.

텐트 치는 일 등 사소한 일로 마누라와 의견이 맞지 않는다. 무조건 맞추어 주는 게 좋을 런지. 아직도 텐트 칠 때 덤벙대다가 여기저기 할퀴어 상처를 입는다. 트럭을 오르내릴 때도 여기 저기 찢기기 일쑤다. 언제나 철이 들려는지.

* 은하계. 천구 상에 은하수를 형성하는, 태양계가 포함된 은하를 말한다. 태양은 은하면 위에 있으며, 중심에서 약 3만 3000광년 떨어져 있다. 은하의 원판은 회전운동을 하며, 태양은 2억 5천만년 주기로 은하중심을 공전한다.

사파리 길에 조우한 임팔라 무리

• 끝없이 펼쳐진 광활한 초원을 지나다 만나게 되는 건기의 삭막함.. 서둘러 캠프사이트에 도착해 쉬고 싶다.

FINLAND
UNITED KINGDOM
POLAND
NETHERLANDS
GERMANY
ROMANIA
TURKMENISTAN
TURKEY
SPAIN
SYRIA
IRAN
ISRAEL
JORDAN
IRAQ
Boarding Pass · 탑승권
대한민국
여 권
REPUBLIC OF
KOREA
PASSPORT
EGYPT
SAUDIARABIA
YEMEN
CHAD
SUDAN
ETHIOPIA
SOMALIA
CENTRAL AFRICAN REP.
CAMEROON
UGANDA
KENYA
REP. CONGO
GABON
DEMOCRATIC REP. OF CONGO (ZAIRE)
TANZANIA
COMOROS
ANGOLA
MALAWI
ZAMBIA
MADAGASCAR
ZIMBABWE
SOUTH

Namibia

남아프리카 나미비아 '나밉 나우클루프트 국립공원'의 모래둔덕sand dune · 砂丘

독일 여행자들이 즐겨 찾는 나미비아

• 남부 아프리카 최대의 강으로 레소토Lesotho의 드라켄스버그산맥Drakensberg Mountains에서 기원해 2,200km를 흘러 알렉산더 베이에서 대서양과 합류하는 오렌지 리버의 아름다운 모습. 지금은 원주민 명칭인 가리엡리버Garieb River로 바뀌어 불리운다.

• 오렌지리버 캠프사이트의 일몰

Namibia
독일 여행자들이 즐겨 찾는 나미비아

오렌지리버Orange River의 카누 사파리canoe safari

* Daylight Saving Time. 미국 등 서양에서 여름철에 아침 시간을 당기는 제도. 시계 바늘을 spring forward, fall back하면 헛갈리지 않는다.

나미비아Namibia는 지난 4월 5일부로 썸머타임summer time*을 시행하고 있었다.

트러킹 여행프로그램은 중간 중간 충분히 쉴 수 있게 편성되어 있지만 장거리 여정 때는 새벽 일찍 일어나 텐트를 걷고 출발하는 강행군이다. 남아프리카공화국과 나미비아 국경의 오렌지리버 다리를 넘자마자 잔디와 캠핑시설이 탁월한 젤다Gelda 캠프장에 텐트를 친다.

젤다Gelda의 야영장에는 양탄자 같은 잔디가 깔려 있다. 나미비아의 캠프사이트는 특히 좋다. 취사장엔 식수와 전기 · 취사용 가스까지 완벽하게 갖추어져 있다. 대부분의 캠프사이트는 롯지lodge가 함께 있어 화장실이나 샤워장도 매우 깨끗하

• 오렌지리버 캠프사이트에 머무는 도중 조우한 또 한 대의 트러킹 버스.

다. 바와 상점 · 수도 · 전기 시설 등이 부러울 정도로 잘 되어 있다. 모처럼 푹신한 잔디와 좋은 시설이 있는 곳에서 캠프를 하니 마음도 몸도 편안하다.

나미비아 종주 길의 점심 휴게소에서 일련의 독일인 여행자 그룹과 만났다. 여유로운 모습의 초로들로서 아프리카를 즐기고 있는 모습이다. 남아공의 서머셋Somerset[1]에 거주하는 은퇴자들이라는데 1년의 반은 독일에서 나머지 반은 이곳에서 머문단다. 담배를 놓고 친구들과 다투고 있는 모습이 영락없는 소꿉친구들이다. 나이 들수록 좋은 친구가 있어야 한다. 나미비아는 보츠와나와 함께 원래 남아공이었다. 다른 아프리카 나라들과 마찬가지로 유럽의 지배를 받았다. 그러나 지금은 독립심이 강해 오랫 동안 별명으로 불리어 오던 오렌지리버의 이름을 가리엡Ggariep River[2]으로 바꾸었을 정도다. 뿌리와 이름 찾기의 결과다.

나미비아는 독일의 지배를 받은 적이 있어 특히 독일 여행자들이 많다. 독일 사람들은 랜드 크루저land cruiser에 캠핑 장비를 완벽하게 갖추고 다니는 것은 물론 쿼드 바이크quad bike[3]

1) 케이프타운 서쪽 방향에 위치한 교외의 도시

2) 오렌지리버라는 별명으로 불려졌던 남부 아프리카 최대의 강. 레소토Lesotho의 드라켄스버그 산맥Drakensberg Mountains에서 기원해 2,200km를 흘러 알렉산더 베이Alexander Bbay에서 대서양과 합류한다.

3) 모래 둔덕sand dunes · 砂丘 용 네발 자전거

1 | 오렌지 리버 강가의 캠프에 텐트를 친 광경. 캠핑장에 푹신푹신한 잔디는 물론 취사시설과 샤워시설 그리고 바가 완벽하게 구비되어 있다

2 | 한담을 나누며 여행을 즐기는 은퇴한 죽마고우 독일 커플 여행자들. 담배를 놓고 친구들과 다투고 있는 모습이 영락없는 소꼽친구들의 모습이다.

3 | 오렌지리버 캠프사이트의 취사장과 트럭

Imaginative
100
ZA
CA 661-875
imaginative

등을 자가용으로 싣고 다닌다. 대부분의 캠프장은 식당과 바가 있어 식사는 물론 맥주와 와인을 즐길 수 있다. 나미비아와 남아공은 특히 와인이 싸고 좋아서 저녁마다 술을 마시게 된다.

젤다 캠핑장의 푹신한 잔디 위에서 모처럼 하루 밤을 편안히 지낸 우리 일행은 오렌지리버 카누사파리를 위해 작은 트럭에 실려 강 상류로 향했다. 군대 시절 훈련을 위해 트럭에 짐짝처럼 실려 이동하던 생각이 난다. 강 상류에 도착해 간단하게 노 젓기 방법을 익힌 우리는 두 사람씩 카누를 나누어 타고 물살을 가르기 시작했다. 그러나 이번 여행 중에 나이를 느낀 곳은 이번 카누타기이다. 카누 조작이 마음 같지 않다. 젊음이 다르다. 마음은 젊은 일행 부부들과 다르지 않지만 몸이 따라 주지 않는다. 우리 부부는 결국 중간 중간 우리를 기다려 준 일행들의 배려로 가까스로 캠프장까지 돌아올 수 있었다.

세계 두 번째 규모 협곡 '피쉬 리버 캐년Fish River Canyon'

피쉬 리버 캐년Fish River Canyon은 미국 아리조나Arizona주의 그랜드캐년Grand Canyon에 이어 세계 두 번째 규모의 협곡이란다.

• 피쉬 리버 캐년 위로 넘어가는 석양

길이 160km · 넓이 27km 그리고 깊이 550m에 달하는 장관의 협곡이다. 부쉬맨Bushmen*들의 전설에 의하면 이 협곡은 사냥꾼에 의해 쫓기던 뱀이 탈출을 위해 미친 듯이 날뛰던 자국에 의해 형성된 곳이라고 한다.

그러나 실제로는 '피쉬 리버 캐년Fish River Canyon'은 지각운동에 의해 20억 년 전에 형성된 것과 비교적 최근인 5억 년 전에 형성된 두 개의 협곡으로 이루어져 있다. 깎아지른 것 같은 절벽 사이로 뒤틀린 협곡은 드라마틱한 하이킹 코스로 유명하다.

* 아프리카 남부의 칼라하리 사막에 거주하는 부족. 나미비아 · 보츠와나를 중심으로, 앙골라 · 남아프리카공화국의 일부에도 거주한다.

• 미국 아리조나Arizona 주의 그랜드 캐년에 이어 세계 두 번째 규모의 협곡으로 알려진 피쉬 리버 캐년Fish River Canyon 풍광

• 석양에 반사되기 시작한 피쉬 리버 캐년

• 피쉬 리버 캐년에서 포즈 취한 필자 부인

• 피쉬 리버 캐년으로 가는 길

'피쉬 리버 캐년'에서 우리 일행은 황홀한 일몰Sunset을 즐겼다. 그러나 햇살이 강렬한 전망대에 선크림Sun cream 없이 나갔다가 많이 그을렸다.

우리가 사진도 찍고 협곡을 구경하면서 자리를 이동하는 사이 쉐프Chef 로버트는 우리를 위해 와인을 준비하여 잔잔한 감동을 주었다. 그래 세심한 배려가 고객에게는 큰 감동이지! 와인 안주로 준비된 스낵 냄새를 맡고 새들이 몰려든다. 모처럼 아름다운 일몰을 즐기며 여유 있는 시간을 보낸 우리 일행은 캠프사이트의 식당에서 오릭스oryx · 스프링복spring bok · 쿠두kudu 등의 현지 동물의 고기로 요리한 게임소사이어티Game society*라는 메뉴로 저녁을 먹었다.

야생동물 고기로 식사를 하면서 사파리투어가 크게 두 종

* 사냥허가를 낸 사람들이 포획한 아프리카 야생 동물로 조리한 음식.

• 나미브 나우클루프트 국립공원의 일행들

류로 나누어 진행된다는 것을 처음 알았다. 사진만 찍을 수 있는 일반 사파리 구역과 면허를 얻은 사람들에게 일정한 기간에만 허용되는 사냥 사파리 구역이 그것이다.

세계4대 자연보전구역 '나밉 나우클루프트 국립공원'

나밉 나우클루프트 국립공원Namib Nnaukluft National Park은 소수스블레이 모래둔덕Sosusvlei Sand Dunes(砂丘)과 함께 1억 3천만 전에 형성된 자연 유산이다. 5만㎢의 나밉 나우클루프트 국립공원은 나미비아 최대이자 세계 4대의 자연보전구역으로서 단층구조의 산과 모래 평원, 높은 모래언덕, 사구와 협곡이 교차되며 나타나는 특이한 아름다움을 연출하고 있다.

소수스블레이 모래둔덕Sosusvlei Sand Dunes은 최대 높이 325m의 세계 최대의 모래둔덕을 포함해 끝이 보이지 않는 모래사막의 연속이다. 소수스블레이 모래둔덕에는 높은 온도와 오랜 가뭄에도 불구하고 오릭스oryx · 스프링복springbok · 타조ostrich 등의

• 아프리카 평원에서 가장 아름답다는 나밉 나우클루프트 국립공원 풍광. 이 공원은 소수스블레이 모래둔덕과 함께 1억 3천만 전에 형성된 유네스코 지정 세계자연유산이다.

1 남회귀선 이정표 앞의 일행들
2 수 백 마리의 새들이 집단적으로 둥지를 튼
'소셔블 위버스sociable weavers'라는 이름의 거대한 둥지.
뱀의 공격을 피하기 위해 나무 밑으로 둥지를 틀었다.
3 소수스블레이 모래둔덕 일대를 트레킹 하는 일행들
4 소수스블레이 모래둔덕 일대의 고목
5 건기의 남아프리카 나미비아 초원 풍광

5

• 끝이 보이지 않는 모래사막 한 가운데 들어서 장관을 이루는 세계 최대의 모래둔덕으로 알려진 소수스블레이 모래둔덕Sosusvlei Sand Dunes의 환상적 풍광

동물이 사막의 식물을 먹고 생존하고 있어 이채롭다.

우리 일행은 트럭으로 이동 중 도로 중간의 한 나무 앞으로 안내되었다.

수 백 마리의 새들이 집단적으로 둥지를 튼 'sociable weavers'* 이라는 이름의 이 거대한 둥지는 뱀의 침입으로부터 자신들의 둥지를 보호하기 위해 나뭇가지에서 땅을 향해 거꾸로 지어져

* 남부 아프리카의 사막지대에서 목격되는 집단적으로 조성된 새 둥지

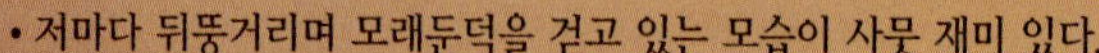

• 저마다 뒤뚱거리며 모래둔덕을 걷고 있는 모습이 사뭇 재미 있다.

이채롭다. 이 새들은 둥지의 무게를 견디지 못하고 나뭇가지가 부러질 때까지 둥지를 계속 확장해 살다가 다른 나무로 이동한다고 한다.

• 월비스 베이의 야자나무와 트럭

사막속의 오아시스, 월비스 베이와 스와콥문트

바바리안 풍bavarian style의 아름다운 해변 도시 월비스 베이Walvis Bay와 스와콥문트Swakopmund는 사막의 오아시스처럼 나타났다. 사막과 해변 사이에 팜트리palm tree로 아름답게 식재된 프로미나드Promenades*가 조성되어 유유자적하고 무척

* 보행자 전용도로

• 나미비아 수도인 윈드혹 시내의 번화가

• 아프리카 종단 여행 중 사망한 아들을 위한 십자가

• 남아프리카 횡단여행 중 트럭에서의 점심 준비

쾌적한 분위기를 자아내고 있다. 가까운 바다에는 아름다운 자태의 홍학flamingo 무리들이 한가로이 떠돌고 있어 더욱 여유로운 분위기를 연출하고 있다. 월비스 베이Walvis Bay와 이웃한 도시인 스워콥문트Swakopmund의 매력은 사막과 해변사이의 쾌적한 휴양지에 호텔 · 골프 코스 · 실내 수영장 등의 편의 시설을 완벽히 갖추고 있다는 것이다.

그곳 월비스 베이에서는 뜻밖의 만남을 가졌다. 아름다운 해변 리조트에 짓고 있는 바베리안 풍 별장의 건축 감독이 한인이어서 깜짝 놀랐다. 아프리카 오지에까지 진출해 건물을 짓고 있다니.

스와콥문트Swakopmund에서 이틀간 묵은 롯지lodge의 주인은 몇 달 전 현대건설의 한인 기술자 대여섯 명이 이곳에서 몇 달을 묵고 갔다고 침이 마르게 자랑을 한다. 이제 어딜 가나 한국인의 발길이 닿지 않는 곳이 없어 마음이 뿌듯해온다.

나미비아 수도인 윈드혹Windhoek은 매우 부유한 모습이다. 이번 여행 중 남아프리카에 대한 정확한 실상을 파악한 것은 큰 소득이다. 아프리카를 원시 사회로 알고 있었던 것은 큰 오해였다. 유럽의 지배를 받은 탓으로 생활양식도 선진화 되어 있고 영어도 잘해서 여행에 불편함이 없다. 영어에 관해서는 우리가 가

• 오카방고 델타의 게임워크 도중 현지 가이드 뒤에 숨는 필자 부인

장 서툴러서 여기 가이드들이 우리 여행자들을 무시하기 십상이다. 이번 여행에서의 갈등도 문화차이와 영어에서 비롯된 것이고.

휴게소마다 있는 매점은 유럽의 카페 분위기와 다를 바 없고 라디오 방송 역시 영어나 독일어다. 한 휴게소의 독일 오리진 아프리카인Afrikaans은 모처럼의 동양인 모습에 경계의 눈빛이 역력하다. 그러나 오히려 현지인들은 편안한 분위기로 우리를 대한다. 대부분의 현지인들은 영어를 포함해서 십여 개의 아프리카 부족언어를 구사할 줄 안다.

새까만 물개 떼와의 만남 '돌핀 크루즈'

스와콥문트Swakopmund에서 모처럼 롯지의 편안함과 이틀간의 여유를 갖게 된 우리 일행은 조쉬 · 로리 커플과 마크는 샌드 보드sand board[1], 라울과 프리티 부부는 쿼드드라이브quad drive[2], 우리 부부는 돌핀크루즈dolphin & seal cruise를 선택해 하루를 즐기기로 하였다.

1) 설원을 내리달리는 스키보드와 같이 모래 둔덕을 달리는 보드

2) 모래둔덕 sand dune을 달릴 수 있게 고안된 네발 자전거

1| 모래사장으로 기어 올라온 펠리칸 한 쌍
2| 월비스 베이 페리와 건설 현장
3| 돌핀 크르즈에 올라탄 물개. 선장이 먹이를 주면서 길들이자 여덟 마리의 자연산 물개가 이처럼 조련되었단다.
4| 월비스 베이의 물개 서식지. 해변과 섬이 온통 물개 떼로 덮여있어 그 울부짖는 소리 때문에 주변 일행과 대화가 여의치 않을 정도다.
5| 돌핀 크루즈 전용 미니밴
6| 돌핀 크루즈의 필자 부부

DOLPHIN & SIGHTSEEING
CATAMARAN CRUISES
LARAMON TO
LARAMON

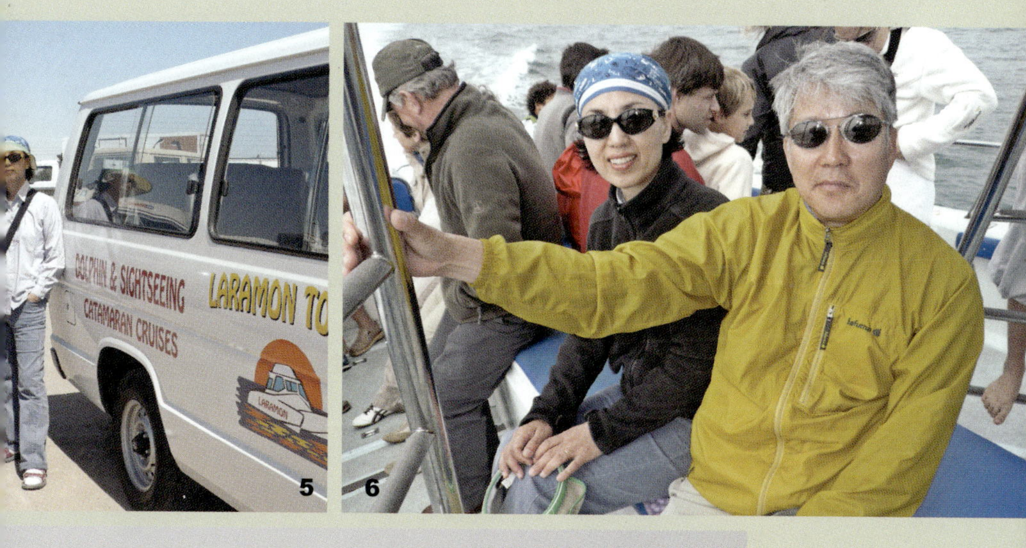

5

6

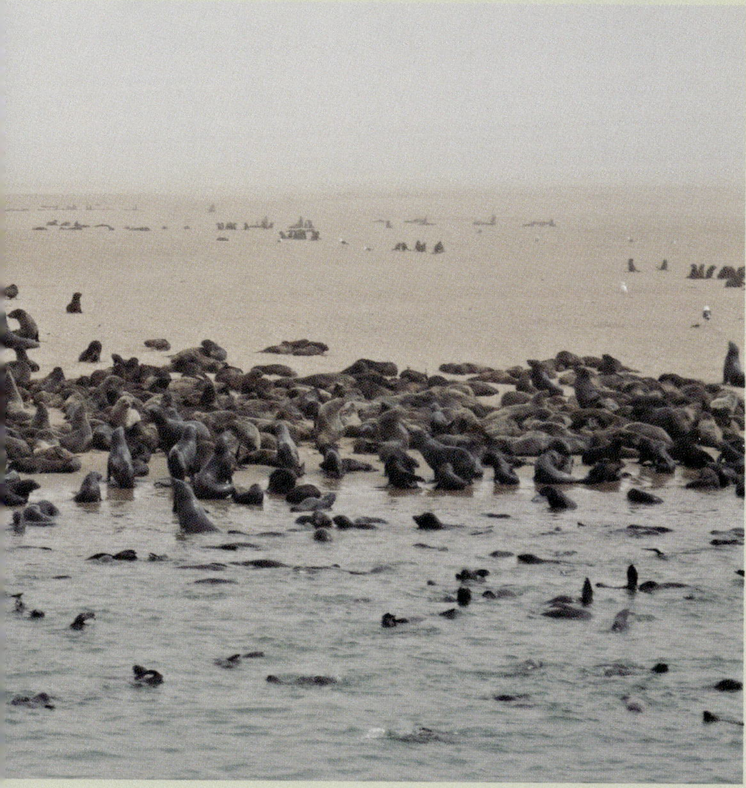

• 돌핀 크루즈 부두 가까이에서 유유자적하는 펠리컨 무리

사막 속의 아름다운 항구 월비스베이Walvis Bay에서 출발한 돌핀크루즈 보트에는 30여명의 관광객이 탑승했다. 유럽 사람들은 우리와 달리 돌고래를 보길 원했지만 우리 부부는 물개에 관심이 더 많다. 가이드 겸 페리의 선장은 물개는 확실히 보겠지만 돌고래는 운이 나쁘면 전혀 못 보거나 열 마리 정도부터 운이 좋으면 200마리까지 볼 수 있다고 했다.

페리가 월비스 항에 정박해 있는 동안 커다란 부리의 펠리칸pelican 떼가 페리 주위로 몰려든다. 어떤 녀석들은 아예 뭍으로 올라와 사람과 동무를 하기도 한다. 페리가 물개 섬까지 운행하는 동안 여덟 마리의 물개가 우리 페리를 따라오거나 올라타는 기교를 연출해 우리 모두를 놀라게 하기도 하고 즐겁게 하기도 했다.

선장 말로는 월비스베이Walvis Bay 내해의 물개에게 먹이를 주며 훈련시켰더니 자연산 물개임에도 불구하고 사람과 친해졌다고 했다. 그러나 돌고래에게도 똑같은 시도를 해보았지만 허사였단다.

우리는 이날 돌고래 열 마리 정도와 큰 바다거북 한 마리를 운 좋게 보았고

• 남아프리카의 교회. 아프리카 주민의 70% 이상은 크리스천이다.

물개 서직지에서는 셀 수 없이 많은 물개 떼를 관찰했다. 물개는 섬의 뭍과 바다에 몰려서 엄청난 에너지의 소음을 만들어 내고 있었다. 돌핀 크루즈의 귀로에는 간단한 샌드위치와 샴페인 등의 음료가 제공되어 모처럼 트럭과 캠핑 그리고 텐트로부터의 여독을 푼 편안한 하루였다.

1) 나미비아 최대의 동물보호구역이자 탄자니아의 세링기티Sere-nguity에 이어 아프리카 2대 야생동물보호구역. 면적이 22,270㎢이나 되며 144개체의 야생동물이 서식하고 있다.

2) 야생동물을 차를 타고 구경하는 것을 의미. 안전을 위해 차에서 내리는 것이 금지되어 있다.

에토샤Etosha국립공원[1]의 게임드라이브game drive[2]

에토샤Etosha에서 한 무리의 한국인들과 조우했다. 중년으로 보이는 일행은 애써 우리를 외면하는 모습이다. 우리도 굳이 반가워할 이유가 없어 지나친다. 그런데 젊은 학생 둘이서 반갑게 인사를 건네 온다. 비로소 나도 반갑게 인사를 나눈다. 나중에 보니 이들 그룹 중엔 케이프타운 숙소에서 만났던 젊은 친구도 같이 여행하고 있었다. 한국에서 기자생활을 하다 세계여행을 떠났다는 그를 여기서 다시 만나니 반가웠다. 1년 반의 세계 여행을 아프리카 사파리 투어로 마무리 한다는 젊은이다.

• '마른 물의 장소Place of dry water'라는 뜻의 에토샤 팬Etosha Pan은 에토샤 중앙부의 5,000㎢ 규모의 침하지대를 이루고 있다

• 아프리카 야생동물보호구역의 대표적인 장소로서 1907년 독일총통 폰 린드퀴스트Von Lindequist에 의해 국립공원으로 지정된 에토샤Etosha 국립공원

1
2
3
4
5
6

7

1 임팔라 수컷의 모습. 뿔이 아름다운 수컷 한 마리가 암컷 스무 마리를 거느린다.
2 아프리카 빅5 동물중 하나로 야생으로 서식하는 광경을 보기가 쉽지 않은 코뿔소
3 아침 햇살이 청명한 날 기린의 나들이.
4 숲속을 한가로이 노닐고 있는 임팔라 무리.
5 디즈니 만화영화 미녀와 야수에 나오는 그 야수다.
6 그라운드 스퀴럴(ground squirrel)
7 야생 타조로 늘 혼자 거닌다.
8 얼룩말. 사람의 손금처럼 무늬가 동일한 말이 하나도 없다.
9 오릭스의 아름다운 자태

8

9

• 에토샤Etosha에서 아프리카 빅5 중 사자 · 코끼리 · 코뿔소를 보았는데 운 좋게도 사자 한 쌍은 우리 일행을 위해 눈요기로 짝짓기를 선사해 주었다.

• 오릭스와 임팔라의 평화로운 공존

에토샤Etosha 국립공원은 아프리카 야생동물보호구역의 대표적인 장소로서 1907년 독일총통 폰 린드퀴스트Von Lindequist에 의해 국립공원으로 지정되었다. '마른 물의 장소place of dry water'라는 뜻의 에토샤 팬Etosha Pan은 에토샤Etosha 중앙부의 5,000㎢ 규모의 침하지대이다. 총 규모 22,270㎢의 에토샤Etosha 국립공원에는 144종류의 포유동물이 서식하고 있다. 사자lion · 코뿔소rhino · 표범leopard · 코끼리elephant 등이 대표적인 동물이다.

특히 코끼리는 크기와 개체 수에 있어서 아프리카 최대 중의 하나라고 알려져 있으며 검은색 코뿔소는 전 세계적으로 이곳에 300마리만 생존하고 있을 뿐이다. 우리 일행은 에토샤Etosha에서 아프리카 빅5 중 사자 · 코끼리 · 코뿔소를 보았는데 운 좋게도 사자 한 쌍은 우리 일행을 위해 눈요기로 짝짓기를 선사해 주었다.

• 물을 찾아 나선 스프링복

• 자칼의 매서운 눈매

• 야행성이라 목격하기 쉽지 않은 지타

• 야생코끼리는 에토샤와 쵸베 국립공원에서 무리지어 서식하고 있다.

• 워터버그 국립공원 전경. 잃어버린 에덴Lost Eden으로 비유되는 사암의 고원지대이다. 특히 이 곳에 올라간 야생동물들은 다시 내려올 수 없다고 한다.

• 워터버그 국립공원 초원으로 가는 길

• 워터버그 공원에서 내려다 본 캠프 사이트 전경

• 워터버그 캠프사이트의 취사장 및 화장실

캠핑시설 탁월한 '워터버그 고원 국립공원'

독일과 원주민 헤레로스Hereros간의 전쟁으로 유명한 장소인 워터버그Waterburg는 캠핑시설이 아주 탁월하다. '잃어버린 에덴lost eden'으로 비유되는 길이 50km · 넓이 16km 규모의 사암sandstone으로 형성된 200m 높이의 고원지대인 이곳에 올라간 동물들은 다시 내려올 수가 없다고 한다.

이곳에도 게임드라이브game drive가 있었지만 에토샤Etosha의 분위기와 유사하다고 해서 대신 고원을 올랐다. 고원의 눈 아래 펼쳐진 장관을 카메라에 담은 후 일찍 하산해 저녁엔 맥주를 사서 나누어 마시고 조쉬Joshi와 로리Lori에게서 카드놀이를 배워보려 했지만 쉽지 않다. 모처럼 이메일을 열어보니 강화군에서 지역협력사업에 관한 자문요청이 와 있다. 아프리카의 보존과 보호 사례를 강화도에도 일부 적용해볼 수 있을까?

UNITED KINGDOM
POLAND
GERMANY
ROMANIA
FRAN
SPAIN
TURKEY
SYRIA
IRAN
IRAQ
ISRAEL
JORDAN
TURKMENIS
Boarding Pass · 탑승권
대한민국
여 권
REPUBLIC OF
KOREA
PASSPORT
ROCCO
EGYPT
SAUDIARABIA
OMA
YEMEN
CHAD
SUDAN
ETHIOPIA
SOMALIA
CENTRAL AFRICAN REP.
CAMEROON
UGANDA
KENYA
REP. CONGO
GABON
DEMOCRATIC REP. OF CONGO (ZAIRE)
TANZANIA
COMOROS
ANGOLA
MALAWI
ZAMBIA
ZIMBABWE
MADAGASCAR
SOUTH

Botswana

관광용 경비행기를 타고 내려다 본 오카방고 델타 전경. 먹을거리와 수량이 풍부해 야생동물의 천국이다.

희귀 동물의 낙원 보츠와나

• 공중의 경비행기에서 촬영한 오카방고 델타의 습지

• 경비행기에서 촬영한 오카방고 델타의 버팔로 무리

• 경비행기에서 촬영한 오카방고델타의 푸른 초원. 먹을거리와 수량이 풍부하여 야생동물의 천국이다.

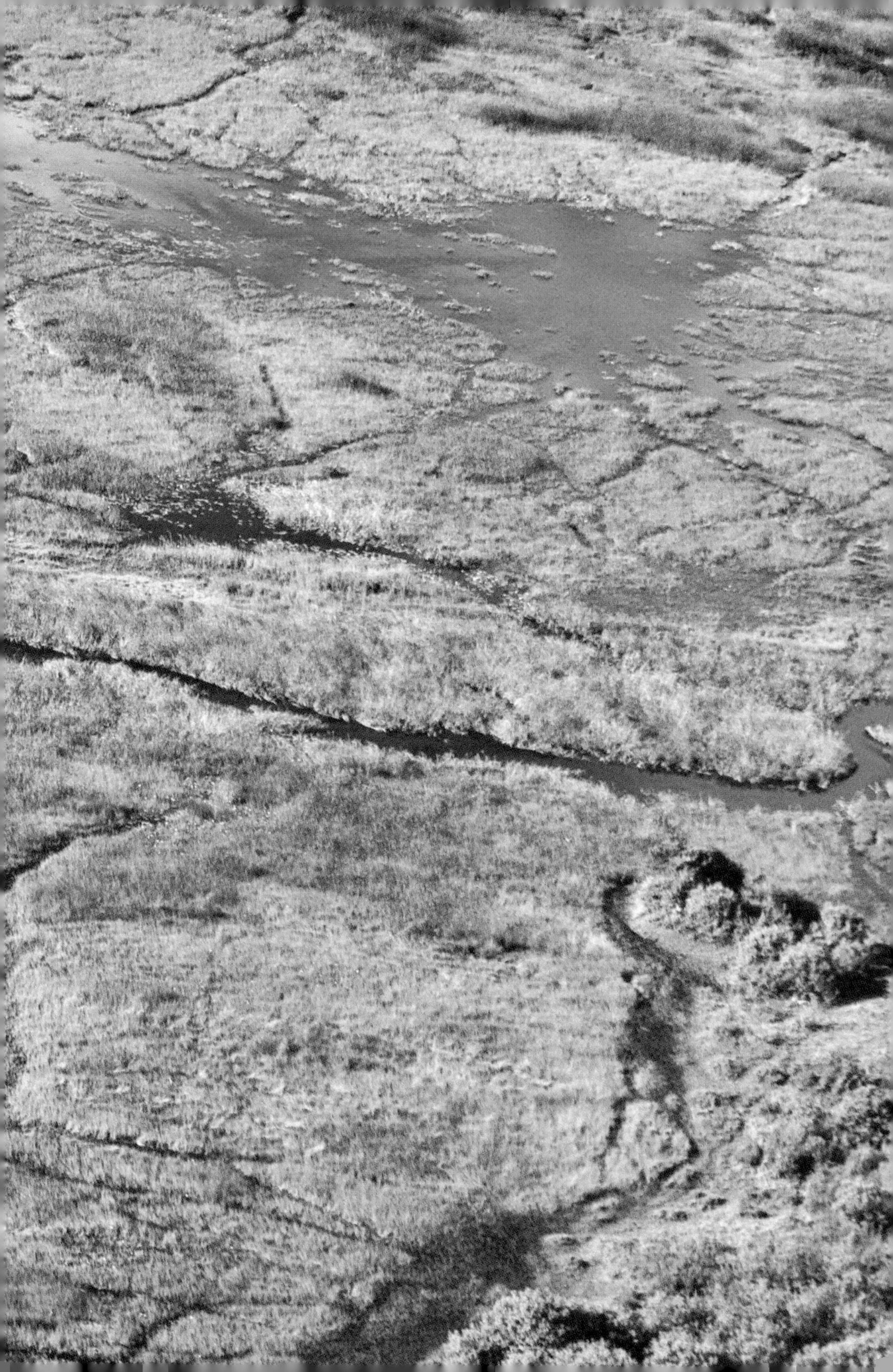

Botswana
희귀 야생동물의 낙원 보츠와나

끝없는 지평선 오카방고 델타*의 경비행기

열흘간의 나미비아 일주를 마치고 보츠와나Botswana로 들어왔다.

웬일인지 몰라도 보츠와나는 관료적이다. 비자 절차도 까다롭고 비용도 비싸다. 아침 일찍 여권을 확인해 보니 케이프타운의 보츠와나영사 실수로 비자 입국예정일자가 4월10일이어야 하는데 한 달 후인 5월10일로 되어 있다.

• 오카방고델타의 관광용 경비행기. 1인당 미화 100불이면 오카방고 델타를 일주할 수 있다.

까다로운 나라라서 걱정을 많이 했는데 다행히도 아무 일 없이 국경을 넘었다. 국경에서 근무하는 이민국 직원들은 의외로 친절하다.

이날 오후 늦게 마운Maun에 도착해 공항으로 직행한다. 오카방고델타를 경비행기를 타고 둘러보기 위해서다. 비행기는 5인승과 3인승이 있어 우리 일행은 두 조로 나누어 탑승했다. 대부분의 현지 가이드들이 흑인들인데 비해 경비행기 조종사는 젊은 백인들이다. 비행기를 타도 오카방고델타는 끝이 보이질 않는다. 마침 경비행기 자리 하나가 비어 가이드 뱅가이Vangai가 동승해 동물들의 위치를 알려 주었다. 맨 먼저 코끼리 · 기린 · 하마 등이 눈에 띈다. 뱅가이는 표범도 보았다고 했는데 우리 일행의 눈에는 띄지 않았다.

이후 버팔로buffalo · 임팔라impala 등의 무리가 눈에 띄었다. 비행기에서 동물들의 흐름에 정신을 팔고 있는데 아내가 망원경을 내게 건네며 컨디션이 좋지 않단다. 경비행기 때문에 멀미를 시작한 것이다. 좀 토한 후 아내는 내 무릎을 베고 아주 누어 버린다.

* 물길과 관목 숲으로 연결된 보츠와나 북부의 광활한 삼각주. 중부 앙골라의 고원에서 발원한 오카방고 리버는 팬핸들Panha-ndle 지역을 흐르다가 오카방고 델타에 스며든다. 16,000㎢의 수초 지역은 야생동물의 천국이다. 이곳을 흐르는 수로에는 하마hippo와 악어crocodile가 무시로 출몰하며 버팔로buffalo · 코끼리ele-phants · 코뿔소rhino · 사자lion · 표범leopard · 들개wild dog 등의 낙원이다. 쿠두kudu · 얼룩말ze-bra · 임팔라impala · 워터복waterbuck 등의 초식 동물과 500여종의 독수리를 비롯한 새들의 보금자리이기도 하다.

• 아프리카 원숭이

• 오카방고 델타의 하마. 초식동물이지만 4월경의 수태기(受胎期)에는 사나워져 사람을 해치기도 한다.

오래 전 스위스 여행 시 융프라우Jung Frau에 올랐을 때는 바로 쓰러지더니. 여행을 견디기에는 체력이 많이 달리는 모습이다. 더구나 이런 긴 여행에 매일 텐트를 쳐야하는 캠핑이라니. 내가 아내의 건강에 너무 무심했던 건 아닌지. 어쨌거나 아내는 이번 여행이 마지막이란 말을 여러 번 되풀이 한다.

비행 후 아일랜드 사파리 마운Island Safari Maun이라는 캠핑장에 텐트를 쳤다. 이곳은 다음 2박3일의 오카방고 야영의 전진기지다. 텐트를 친 후 다음날부터 시작될 델타 야영을 위해 짐을 꾸린다. 오카방고델타 야영은 그야말로 원시 체험이다. 모코로mokoro*를 타고 델타에 가면 전기도, 화장실도 없고, 샤워도 할 수 없단다.

* 아프리카의 쏘시지 통나무를 파서 만든 일엽편주. 폴러poler가 긴 폴pole을 이용해 물위를 저어 간다.

아일랜드 사파리 마운Island Safari Maun 에피소드

이날 저녁은 또 롯지lodge의 식당에서 사먹는다. 닭과 돼지고기 위주의 뷔페식에 생맥주 한잔 한 후 캠프로 돌아오는데 외국인 일행이 우리에게 합석할 것을 소리쳐 권한다.

인도계 일행이었는데 장작불을 피워놓고 음식을 준비하며 한 잔하는 중이다. 별 생각 없이 합류했는데 맥주도 권하고 위스키도 권해온다. 좀 지나친 친절이다 싶으면서도 자릴 뜨지 못했다. 한 사람은 내 나이 또래이고 다른 둘은 20대에서 40대이다. 모리셔스Mauritius*와 파키스탄에서 온 이 사람들은 보츠와나 수도 가바론Gabarone에서 1,000km를 운전해 왔다고 했다. 두 사람은 무슬림이고 한 젊은이는 가톨릭이라고 했는데 잠시 후 무언가를 우리에게 권한다. 무어냐고 물었더니 마리화나라고 한다. 거절했더니 섹스에 좋다면서 계속 권하다. 이들의 지나친 친절과 향응이 갑자기 부담스러워진다.

대화중에 이곳에서 전화 걸기가 어렵다고 했더니 가지고 있던 휴대폰을 내놓으며 부담 없이 쓰라며 호기를 부린다. 마음에 썩 내키지도 않고 서울시간을 계산해보니 새벽 5시여서 거절했다가 결국은 아이들이 궁금해서 전화를 빌려 썼다.

이들이 만든 양고기 음식은 마늘 등의 양념 때문에 매콤한 게 우리의 입맛에 맞았다. 그러나 더 어울리기에는 부담스러워 10시 쯤 자리를 떴다. 그런데 웬일인지 그들의 친절이 고맙지만은 않아 찝찝하다. 아내는 그들의 전화에 우리 집 전화번호가 찍혀있는 것도 꺼림칙하다며 걱정이 태산이다.

이튿날 아침 일찍 모코로 투어를 위해 보트 탑승 장에 나가 있는데 뜻밖에 그들이 그곳에 나타났다. 아내가 저 사람들 혹시 마피아 아니냐며 불안해한다. 나도 불안감을 감출 수 없어 캠핑장 주인에게 그들에 관해 물었더니 수도 가바론Gabarone에서 온 사람들로 하루 밤을 묵는다는 것과 인도계라는 정도만 안다고 했다. 다만 지난밤에 웬 여자들과 어울려 지내다가 새벽에 들어 왔노라고 했다. 이런 얘길 아내에게 전해주었더니 아내는 더욱 불안해한다. 글쎄 좋은 사람들인 것 같기고 하고 아님 국제 마피아단의 미끼에 물린 것 같기도 하고. 자고로 세상에 공짜는 없는 법이니 왠지 마음이 착잡해진다.

* 인도양 남서부에 위치한 섬나라로 유명 휴양관광지이다. 자연 경관으로 유명한 모리셔스는 작가 마크 트웨인이 여행을 하면서 영감을 얻었다고 전해지기도 한다.

2박3일의 원시 야영 길 '모코로 사파리Mokoro Safari'

아침 일찍 텐트를 걷고 짐을 챙겨 캠프사이트의 워터프런트로 옮겼다. 워터프런트 가는 길에는 원숭이 떼들이 노닐고 있

• 오카방고 델타 늪지대 풍광

다. 혼자 짐을 가지고 가던 아내는 중간에 원숭이를 만나서 그 자리에 얼어붙었다고 했다. 원숭이들도 똑똑해서 여자들한테는 만만하게 군단다.

델타야영을 위해 모터보트에 짐과 몸을 실었다. 40여분을 달려가니 모코로 선착장이 나온다. 모터보트로 오는 도중에 하마 세 마리가 물속에서 놀고 있는 것과 조우했다. 하마는 아침 일찍부터 저녁때까지 해가 있을 때는 물속에서 지내다가 밤에만 뭍으로 나온단다. 피부가 매우 민감하기 때문이란다. 일반적으로 사람을 해치지는 않으나 새끼를 낳아 기를 때는 새끼를 보호하기 위해 매우 공격적으로 변한단다. 초식동물이지만 새끼보호 때는 사람을 공격해오기 때문에 주의해야 하는 동물이다. 이로써 아프리카 야생동물 빅5 중 표범만을 야생으로 못 본 셈이다.

우리 일행 일곱 명은 네 대의 모코로mokoro · 쪽배 에 옮겨 탔다. 우리 모코로의 폴러poler는 무척 어려 보이는데 나이 서른여섯으로 비교적 영어를 잘 했다. 그는 여섯 살부터 모코로 폴러poler로 일해 먹고 살면서 큰 딸을 대학에 보내고 있다고 했다.

그러나 폴러들은 많고 관광객들은 상대적으로 적어 일주일에 한번 정도, 어떤 때는 한 달에 한두 번 정도만 일할 수 있다고 했다. 나머지 시간은 짚 풀 공예

품을 만들어 모코로 승객들에게 판단다. 영어는 우리 수준보다 잘 해서 어디서 배웠냐고 물었더니 관광객들을 통해서 배웠단다. 학교는 한 번도 다닌 적이 없지만 웬만한 영어는 쓸 줄도 안단다. 우리는 강남 일대의 영어학원에 왜 그렇게 사생결단 낼 것처럼 목을 매야 하는 건지.

두 시간 여를 한가로이 모코로에 몸을 맡기고 선 잠에 빠진듯 했는데 내리란다. 야영할 곳에 다 왔단다.

다른 곳과 달리 이곳에는 모코로 폴러들이 우릴 대신해 텐트를 이미 설치해 놓고 있었다. 그러나 우리는 텐트를 치는 수고 대신 2박3일 동안 대소변

1 | 오카방고 델타의 모코로(쪽배)를 이용한 사파리 투어
2 | 오카방고 델타의 아름다운 수련
3 | 오카방고 델타의 수로. 자연적으로 형성된 것으로 현지인들은 이 물을 그냥 떠서 먹는다. 이 물은 강이나 바다로 흘러들어 가는 것이 아니라 델타에 그대로 스며든다

을 해결할 간이 화장실을 만들어야 했다. 말이 좋아 화장실이지 실은 텐트가 쳐진 곳에서 30여 m 떨어진 관목 숲에 웅덩이를 파는 게 화장실 만들기의 전부다. 삽 하나를 화장실로 향하는 소로 입구의 나무 기둥에 세워놓고 볼일을 볼 때마다 이 삽을 가져가 다음 사람을 위해 배설물을 흙으로 덮으란다. 나무 기둥에 삽이 없으면 누군가 화장실을 사용 중이라는 표지 역할을 겸하기도 한다.

화장실을 만들어 놓고 가져온 짐을 다 풀었는데 프리티네 침랑이 없어졌단다. 가져온 워키토키를 동원해 타고 온 보트와 트럭 등에 모두 연락해 뒤져도 없단다. 프리티네가 풀이 죽어 있다. 결국 침낭을 찾지 못하고 좀 쉬려고 우리 텐트에 들어가 보니 프리티네 침낭이 우리 텐트 안에 있는 게 아닌가! 얼마나 민망하

• 오카방고 델타에서 맞이한 여명(黎明)

• 새벽 오카방고 델타의 얼룩말 무리

• 오카방고 델타의 게임워크Game walk. 아무런 안전장치 없이 생명을 걸고 야생동물을 걸어서 관찰 한다.

던지! 한 바탕의 소동을 겪은 후 야영지의 나무 그늘에서 모처럼 낮잠도 자고 책도 보면서 한가로운 시간을 갖는다.

* 야생동물 관찰을 위한 걷기. 목숨을 잃어도 좋다는 서명 immunity documents을 하고 걸어야 한다.

동물의 낙원 '오카방고 델타 게임워크game walk'*

한낮의 뙤약볕을 피한 다섯 시가 되어 게임워킹에 나섰다. 한 시간 정도 오카방고델타 국립공원의 초원을 걸었다. 에토샤 등의 다른 국립공원은 차에서만 동물구경이 가능한데 비해 이곳은 초원을 직접 걸으며 동물들과 가까이 할 수 있다.

한 시간 여 동안 많은 무리의 얼룩말을 구경했다. 폴러 겸 가이드에 의하면 얼룩말은 보츠와나의 나라동물로 지정되어 있다고 한다. 얼룩말의 검은 색과 흰 색이 흑인과 백인간의 화합을 의미하기 때문이란다. 이 나라의 수상도 얼마 전에 영국인과 결혼해서 이런 의미가 더 크다고 했다.

오카방고 델타에는 말로만 듣던 바오밥 나무baobab tree와 모코로의 재목으로 쓰인다는 소시지나무가 많다. 바오밥 나무는 성인 대여섯 명이 스크럼을 짜도 안을 수 없을 만큼 엄청나게 굵지만 키는 나지막해서 뚱뚱보 난쟁이 모습을 보는 것 같다.

소시지나무는 소시지 모양의 열매가 주렁주렁 달려 있어 그런 이름을 갖게 되었다고 한다. 우리 일행이 델타를 조심스럽게 헤집고 다니는데 고어웨이Go-away라는 이름의 토종 새들이 "고어웨이-고어웨이"를 반복해 외치면서 여기저기서 울어댄다. 마치 야생동물의 낙원에 무단 침입한 우리 인간들을 추방이라도 하려는 것처럼.

해질 녘에 캠프로 돌아오니 불을 지펴 지은 저녁이 준비되어 있다. 밥과 닭 매운탕, 카레 등으로 모처럼 따뜻한 음식을 먹으니 살 것 같다.

특이한 것은 모코로 폴러poler*들이 우리가 식사를 하는 동안 눈앞에 앉아 잡담을 하고 있는 모습이다. 식사를 같이 하지 못해 아내와 나는 민망한 마음이었지만 서양 사람들에겐 전혀 문제가 되지 않는 모습이다.

아침에 모코로를 타고 올 때 페리 운영회사에서 도시락을 하나씩 주었다. 도중에 배안에서 도시락을 먹으려니 폴러poler가 신경에 쓰인다. 점심은 준비가 되었냐고 물었더니 그렇지 않단다. 그래서 점심 먹을 때 우리 것을 나누어 먹자고 약속했었다. 점심시간 전에 캠프에 도착한 우리 일행은 점심을 같이 먹게 되었다. 이런 난처한 일이. 우린 폴러에게 도시락을 나누기로 약속했는데 다른 사람들은 그럴 생각이 전혀 없어 보인다.

* 모코로를 짓는 사람.

하는 수 없이 미국 젊은 부부에게 귓속말로 양해를 구했더니 의외로 도시락을 나누어 먹어야 하느냐고 반문해온다. 괜한 염려를 했구나. 그래서 큰 부담 없이 우리 도시락을 폴러에게 나누어 주었더니 반갑게 받아 자기들끼리 나누어 먹는다. 알고 보니 이들의 식사는 따로 준비가 되지 않고 우리가 식사하길 기다렸다가 남은 음식을 나누어 먹고 있었다. 아내와 나는 이런 상황이 안타까웠다. 구한말 개항 초기, 우리 선조들도 서양 사람들한테 이런 대접을 받지 않았을까.

아무튼 이날 저녁은 캠프파이어 옆에서 라울이 준비한 레드와인과 은하수를 즐기며 모처럼 여유로운 밤을 즐겼다. 오카방고의 개구리 울음소리는 마치 아름다운 오페라나 은방울소리처럼 곱고 경쾌하게 들린다. 개구리의 이름도 그래서 벨 프로그 Bell Frog라고 한다나!

1 | 오카방고 델타에서 게임워크를 즐기는 필자와 일행들.
2 | 버팔로 잔해. 하이에나가 먹어치울 수 없게 쇠고리를 해 놓았다.
3 | 오카방고 델타의 황홀한 황혼.
4 | 오카방고 델타의 바오밥 나무를 올려보고 있는 필자의 아내.
5 | 바오밥 나무. 웬만하면 어른의 대여섯 아름 크기이다. 양 팔을 벌리고 서있는 프리티의 모습이 마치 매미가 나무에 붙어 있는 모습을 연상시킨다.

5

• 에토샤 국립공원의 얼룩말 무리

다음날 새벽 다섯 시 반에 일어난 일행은 커피와 사과로 간단히 아침을 마친 후 네 시간짜리의 긴 게임워크Game walk를 출발했다. 동물들이 더위를 피해 새벽과 저녁에만 움직이기 때문에 동물구경도 그 시간대에 맞추어 진행되기 때문이다.

30분여를 걸었을까. 현지 흑인가이드가 멀지 않은 곳에서 사자 울음소리가 들린다며 우리를 불러 세운다. 아내는 이때부터 겁에 질려한다. 울음소리로 보아 2km 정도 떨어진 물 건너인 것 같단다. 물이 아니었으면 가까이 가볼 수도 있었겠지만 그냥 앞으로 진행한다.

한 시간 여쯤 걸으니 이번에 버팔로buffalo 두 마리가 앞을 가로막는다.

버팔로 역시 초식이지만 사람에게 공격을 해오고 그 야성을 전혀 예측할 수 없는 동물이라서 위험하기 짝이 없단다.

20여분을 더 걸으니 광활한 초원이 나왔는데 현지 흑인 가이드가 실망스런 표정을 짓는다. 다른 때 같으면 이곳에 얼룩말 등 많은 동물들이 노니는 곳인데 오늘은 운 나쁘게도 한 마리도 보이지 않는단다. 초원을 좀 더 걸은 우리는 캠프로 돌아섰다. 오카방고델타의 아침은 참으로 상쾌했다.

캠프로 돌아오니 열시가 조금 넘은 시간이다. 시장기가 가득한 우리를 위해 모처럼 따뜻한 브런치가 준비되어 있다. 계란프라이 · 베이컨 · 콩죽 · 구운 빵 등. 입맛대로 배불리 먹고 싶었지만 남은 음식을 기다리고 있는 폴러poler들을 위

• 오카방고의 마지막 원시체험은 멀리서 가늘게 들려오는 야수들의 포효소리와 함께 사그라져 가는 모닥불처럼 스러져 갔다.

해 숟가락을 놓는다. 폴러들이 식사를 하는 사이 델타의 신선한 물에 몸을 담근 후 햇볕을 피해 낮잠을 즐긴다. 델타를 가로지르는 큰 수로의 풀숲에는 코끼리 두 마리가 오락가락 초원의 풍성한 오찬을 즐기고 있다.

여행 내내 서양식으로 식사를 해오던 우리 일행을 위해 이날 저녁 쉐프chef 로버트가 아프리카 전통음식을 준비해 놓고는 반드시 손으로 먹어야 한단다. 인도 친구 라울이 고향생각이 난다며 반색을 한다. 자기들도 인도에서 맨손으로 음식을 먹는다면서.

로버트가 준비한 토속음식은 옥수수반죽maize porridge과 녹말starch을 주로 하여 야채를 섞어 만들었다고 했다. 그러나 아무도 선뜻 음식에 손을 내밀지 못하고 있는데 로리가 먼저 음식을 집어 손안에 넣고 주물럭거려서 먹는다.

캠프 사이트 큰 나무 위의 박쥐들도 우리가 먹고 있는 아프리카 토속 음식에 굶주렸는지 이날 저녁 따라 배설물을 유난히 많이 뿌린다. 아프리카의 짙은 어둠을 핑계 삼아 박쥐의 배설물은 음식에도 찍, 얼굴에도 찍, 머리칼과 옷에도 찍찍.

오카방고의 마지막 원시체험은 멀리서 가늘게 들려오는 야수들의 포효 소리와 함께 사그라져 가는 모닥불처럼 이렇게 스러져 갔다.

FINLAND
UNITED KINGDOM
POLAND
NETHERLANDS
GERMANY
ROMANIA
SPAIN
TURKEY
TURKMENISTAN
SYRIA
IRAN
IRAQ
ISRAEL
JORDAN
EGYPT
SAUDI ARABIA
OMAN
YEMEN
CHAD
SUDAN
ETHIOPIA
SOMALIA
CENTRAL AFRICAN REP.
CAMEROON
UGANDA
KENYA
REP. CONGO
GABON
DEMOCRATIC REP. OF CONGO (ZAIRE)
TANZANIA
COMOROS
ANGOLA
MALAWI
ZAMBIA
MADAGASCAR
ZIMBABWE
SOUTH
Boarding Pass · 탑승권
대한민국
여권
REPUBLIC OF
KOREA
PASSPORT

Zimbabwe

빅토리아폭포 고지Gorge의 현기증 나는 아찔한 위용

아! 빅토리아 폭포여! 짐바브웨

• 오후 네 시가 되면 코끼리 무리들이 물을 마시러
쵸베강가로 무리지어 내려온다.

• 쵸베 국립공원의 독수리 떼

• 아프리카 토종 새

• 쵸베 강의 하마

Zimbabwe
아! 빅토리아 폭포여!

쵸베 국립공원의 게임크루즈game cruise*

* 야생동물을 배를 타고 관찰하는 투어

짐바브웨에 들어서자마자 바로 쵸베 국립공원Chobe National Park이 다가온다. 때마침 홍수가 나서 물이 엄청나게 불어 있다. 광활한 쵸베강은 홍수로 물이 불었건만 에메랄드의 짙푸른 색이 아름답다.

쵸베 지역은 보츠와나 북쪽 끝자락에 위치하여 나미비아 · 잠비아 · 짐바브웨의 국경이 보츠와나와 맞닿은 곳에 자리하고 있다. 12,000㎢의 쵸베 국립공원은 25,000마리의 코끼리가 집단으로 서식하고 있어 개체 수가 세계에서 가장 많은 것으로 알려져 있다. 실제로 우리 일행도 셀 수 없을 만큼 많은 무리의 코끼리를 목격하였다. 쵸베 게임크루즈에서는 큰 무리의 버팔로 · 악어 · 무수한 하마 떼들을 가까이에서 목격할 수 있다.

이튿날 새벽 우리 일행은 쵸베 국립공원의 게임드라이브

1| 수컷 쿠두로 뿔이 아름답다. 필자도 이 쿠두 뿔에 아프리카 빅5 즉 사자 · 코끼리 · 하마 · 코뿔소 · 버팔로가 조각된 기념품을 여행 중에 구입해 집에 장식품으로 보관해 두고 있다.

2| 수컷 임팔라의 아름다운 프로필.

3| 쵸베 강가의 버팔로 무리

를 떠났다. 하루 전에 배를 타고 본 쵸베 국립공원의 내륙을 이번에는 트럭을 타고 구경하는 것이다. 동물들이 해가 뜨기 전에 먹이를 찾아 움직이기 때문에 우리 일행도 새벽에 움직였다. 공원에서는 하루 전에 보았던 코끼리와 버팔로가 주로 목격되었지만 하이에나 · 원숭이 · 임팔라 무리들을 추가로 볼 수 있었다.

같이 동승한 현지 가이드 말로는 버팔로 무리가 있는 곳에는 반드시 근처에 사자가 있다고 하는데 실제 사자를 목격할 수는 없었다. 사자가 가장 좋아하는 동물 먹이가 버팔로이기 때문이란다. 반대로 원숭이 떼와 임팔라 무리는 위험으로부터 서로를 지켜주기 위해 같이 무리지어 움직인단다.

1| 쵸베 강가의 악어로 배가 부른 악어는 이렇게 며칠을 꼼짝 않고 지낸다
2| 아프리카 야생 사자의 포효
3| 워터 모니터water monitor. 큰 놈은 몸길이가 1M가 넘는 것도 있다.
4| 광활한 쵸베 강. 홍수로 물이 불었지만 에메랄드빛이다.
5| 몽구스mongoose
6| 쵸베 국립공원의 하이에나

5

6

• 잠베지 강의 선다운 리버 크루즈. 황혼을 따라가는 크루즈는 문자 그대로 황홀경이다.

황혼의 석양 크루즈Sundown River Cruise와 아프리카 민속춤

드디어 우리 여행의 마지막 목적지인 빅토리아 폴Victoria Fall에 도착했다. 케이프타운을 출발한지 20여일 만이다.

오늘은 마침 그동안 매일 같은 강행군으로 몹시 힘들어 하던 아내의 쉰네 번째 생일이기도하다. 여행 중 대화에서 일행들에게 아내의 생일 얘기를 했었는데 모두 잊지 않고 축하해 준다. 여행 내내 피곤에 젖어있던 아내의 얼굴에도 화색이 돈다. 강행군을 이겨낸 자신감으로 다시 건강을 회복하고 있기 때문이리라.

쵸베 캠핑장은 우리의 마지막 목적지인 짐바브웨 국경의 턱밑이어서 배

낭을 챙긴 우리는 바로 국경에 도착해 현지 비자를 받았다. 오늘 아침 일찍 우리는 지난 며칠을 묵은 쵸베 캠핑장을 떠났다. 다른 날과 달리 우린 오늘 90km만 운전하여 빅토리아 폴Victoria Fall 타운에 닿았다. 빅토리아 폴은 세계3대 폭포의 이름이자 이 도시의 이름이기도 하다.

빅토리아폴 타운입구에서 우리 일행은 이틀 동안 즐길 옵션 투어를 예약했다. 일행은 사자체험 · 코끼리타기 · 번지점프 · 헬기관광 등을 기호에 따라 예약했다.

우리 부부는 빅토리아 폴의 래프팅을 기대했으나 홍수 때문에 물이 불어 래프팅이 불가능하단다. 나는 아내의 생일을 기념하기 위해 선다운 크루즈sundown

• 잠베지 강의 선다운 리버 크루즈를 함께 한 트러킹 여정의 일행들

cruise를 예약했다. 아내를 위해 좋은 추억이 될 수 있을 것 같다. 내가 아내의 생일을 위해 선다운 크루즈를 예약한 것을 안 일행 모두도 아내의 생일을 같이 축하하겠다며 함께 예약을 했다.

크루즈는 오후 네 시에 출발해서 잠베지Zambezi 강의 선셋sundown을 구경한 후 여섯 시 반까지 돌아오는 일정이다. 일인당 미화 40달러인 이 리버크루즈는 크루즈 내내 맥주 · 와인 · 칵테일을 포함한 청량음료를 무한 제공한다.

황홀한 석양을 앞세우고 화이트와인 · 맥주 · 칵테일 · 폭탄주를 악어고기튀김 안주와 함께 즐기면서 정말 멋있는 생일파티를 즐겼다. 마침 크루즈 탑승객들을 위해 한 무리의 아프리카 공연단의 민속음악과 춤이 탑승장 입구에서 펼쳐져 아내의 생일 축하 분위기를 고조시킨다. 라울은 고마움의 표시로 이들의 음악을 녹음한 CD를 거금 20달러나 주고 구입한다. 축하를 받는 우리가 구입했어야 하는 건데.

모처럼 크루즈에서 동양인 일행을 만나 한국인줄 알았는데 모두 일본 사람들이다. 크루즈에 예쁜 흑인 어린이들이 네 명이 탑승해 있어 사진을 같이 찍을 수 있느냐고 했더니 싫단다. 아마도 이런 제의를 많이 받았었던 모양이다.

저녁은 캠프장에 생선요리가 준비되어 있었다. 일행은 또 아내의 생일을 축하하기 위해 캠프 인근의 바에서 맥주를 구입했다. 모처럼 즐거운 분위기가 되었는데 마침 아프리카 원시인 차림의 한 무더기 흑인 보컬그룹이 우리 캠프로 찾아와 춤과 공연을 시작했다. 술이 한잔씩 거나해진 우리는 이들과 어울려 춤을 추며 한여름 밤의 캠프를 즐겼다. 춤을 추던 흑인 댄서가 아내를 끌어내기에 오늘 아내 생일이라고 했더니 아내를 위해 생일 공연과 아프리카 전통의 생일 축하곡까지 흑인 특유의 환상적인 앙상블로 불러주어 정말 평생 잊지 못할 생일 파티가 되었다. 여행 내내 캠프생활에 힘들어 했던 아낼 위해 정말 멋있는 피날레이자 청량제가 되어 주었다. 뜻하지 않은 아름다운 마무리에 아내와 나는 감사하고 또 감사해 했다.

• 빅토리아폭포의 운무. 짐바브웨서 잠비아로 넘어가는 국경다리가 보인다.

• 빅토리아풍의 빅토리아 호텔

빅토리아폭포Victoria Falls의 다양한 레포츠

아프리카 원주민들은 빅토리아 폭포를 '천둥치는 운무'라고 불렀단다.

빅토리아폴 타운에서는 폭포소리에 밤에 잠을 이룰 수가 없고 낮에는 폭포가 만들어낸 운무를 따라 청명한 하늘에 무지개가 언제나 걸려 있다. 빅토리아 폭포의 운무와 천둥소리는 상당한 거리 밖에서도 보고 들을 수가 있다. 세계 최대의 폭포답게 상당한 폭의 넓이를 자랑하는 빅토리아 폭포는 매 분당 5억 리터의 물을 쏟아낸다. 빅토리아 폭포의 운무는 카메라를 들이댈 수 없을 정도로 심하다. 국립공원이기도 한 빅토리아 폭포에서는 바분baboon과 부시벅bushbuck[1]을 쉽게 만날 수 있다. 공원에서는 원숭이들이 음식을 향해 난폭하게 돌진해옴으로 음식물 간수에 조심하여야 한다.

빅토리아폴 타운에서는 래프팅 · 카약 · 카누 · 번지점프 · 헬리콥터 관광 · 선다우너 크루즈sundowner cruise 등의 다양한 레포츠와 코끼리타기 · 라이언 워크lion walk[2] · 나이트드라이브

1) 남부 아프리카에 서식하는 양의 한 종류

2) 유기된 사자 새끼를 키워 야생으로 돌려보내기 전까지 보살피는 관광 상품.

• 빅토리아 폭포의 시작

• 빅토리아폭포 하류 고지Gorge 위에 짐바브웨와 잠비아 국경다리에 걸린 무지개

• 폭포 넓이로는 세계 최대라는 빅토리아폭포

night drive[1]를 즐길 수 있다.

여행 중에 우리 일행에게 강요된 선택 프로그램은 일체 없다. 다만 본인이 원하면 제시된 프로그램을 선택해 즐길 수 있고 고객의 이해를 돕기 위해 비디오나 DVD로 된 프레젠테이션presentation이 준비되어 있다.

아프리카 공예품과 여행자 용품과의 트레이드오프Trade off

긴 여행의 마무리 단계에 오자 길거리의 아프리카 토속 공예품들과 가게들이 눈에 들어온다. 멀리 아프리카까지 오기 힘든 곳을 모처럼 왔는데 친지들에게 기념 될 만한 것을 선물해야지. 우리 자신을 위해서는 물론이고.

아프리카 목각 공예품은 독특하고 토속적이어서 친지들에게 선물하면 좋아할 것 같다. 그러나 길가의 공예품들은 가격과 품질에서 천차만별이다. 특히 빅토리아폴 타운의 관광지 길목에는 공예품 파는 소년들이 늘 아우성이다.

특이한 것은 이들이 물건을 팔기만 하는 것이 아니라 티셔츠 · 바지 · 슬

리퍼 · 운동화 등의 생활 필수품과 자신들이 가지고 있는 공예품을 맞교환하는 것이다. 이들은 심지어 우리가 쓰고 있는 모자, 입고 있는 티셔츠, 신고 있는 운동화와 샌들 모두와 공예품을 교환하자고 아우성이다. 그래서 우리도 입던 티셔츠 몇 장과 길거리 공예품을 맞교환하여 짭짤하게 재미를 보았다.

1) 밤에 이루어지는 야생동물 관찰. 야행성인 표범 등을 관찰하기 위한 것이다

빅토리아폴 타운 거리의 진기한 모습은 어린 아이들이 1억 원짜리 지폐를 다발로 가지고 다니면서 관광객들에게 강매하다시피 하는 광경이다. 짐바브웨는 살인적인 환율로 악명이 높은 곳이다. 그래서 길거리의 노점상들은 1억 원짜리 짐바브웨 지폐를 미화 1달러에 기념으로 사라고 성화인 것이다.

야생동물의 뿔에 관심이 많은 나는 빅토리아폴 타운의 한 기념품 가게에 들러 좋은 가격에 쿠드kudu 뿔 한 쌍을 구입했다. 아프리카 빅 5인 사자 · 코끼리 · 버팔로 · 코뿔소 · 표범이 멋있게 조각되어 있고 생김새가 힘찬 놈을 골라 부르는 값의 반에 흥정해 구입했다.

여행 마지막 날인 이튿날 아침 비행기 시간이 여유로워 같

• 코끼리 타기를 즐기는 라울과 프리티 부부

은 거리의 비교적 고급스런 다른 가게에 들러 쿠드kudu 뿔의 가격을 물었더니 내가 구입한 가격보다 훨씬 높다. 다행으로 생각하고 돌아 서려는데 야생동물의 부산물은 정부가 발행한 반출증이 있어야 출국 시나 입국 시 반·출입에 문제가 없다며 가게 주인이 나를 불러 세운다.

황급히 뿔을 산 가게에 들러 사정을 설명했더니 반출증을 구해 주겠단다. 한참 후에 숙소로 반출증을 가지고 나타난 가게 종업원은 반출증 값으로 미화 25불을 더 내란다. 사전에 미리 얘기가 없었음으로 지불할 수 없다고 버텼더니 환불해 주겠으니 뿔을 도루 달라고 으름장을 놓는다. 전직 경찰관 출신이라는 숙소의 경비까지 나서서 중재를 시도했지만 막무가내다. 비행기 시간이 다 되어 공항 셔틀버스 안에서 우리 일행이 기다리는데서 한참을 승강이 하다가 결국 요구하는 돈을 다 주고 돌아섰다.

그러나 다행히도 짐바브웨 공항 출국 때나 우리나라 공항 입국 때 쿠드 뿔에 대한 세관 검색은 없었다. 뿔의 조각 때문에 공예품으로 본 것일까?

FINLAND
UNITED KINGDOM
POLAND
NETHERLANDS
GERMANY
ROMANIA
TURKMENISTAN
TURKEY
SPAIN
SYRIA
IRAN
ISRAEL
IRAQ
JORDAN
Boarding Pass · 탑승권
대한민국
여권
REPUBLIC OF
KOREA
PASSPORT
EGYPT
SAUDIARABIA
YEMEN
CHAD
SUDAN
ETHIOPIA
SOMALIA
CENTRAL AFRICAN REP.
CAMEROON
UGANDA
KENYA
REP. CONGO
GABON
DEMOCRATIC REP. OF CONGO (ZAIRE)
TANZANIA
COMOROS
ANGOLA
MALAWI
ZAMBIA
ZIMBABWE
MADAGASCAR
SOUTH

Epilogue

남아프리카 나미비아 '나밉 나우클루프트 국립공원'의 모래둔덕sand dune · 砂丘

에필로그: 남부 아프리카, 그 치명적 유혹을 넘어서

Epilogue
남부 아프리카, 그 치명적 유혹을 넘어서

어렸을 때 미국이라는 나라가 지구상에 정말 존재하는지 의문을 가진 적이 있었다.

전쟁 직후 찢어지게 가난하던 시절 자갈길 비포장 국도를 흙먼지 날리며 내달리던 GMC 트럭 위의 GI들을 향해 '기브 미 초콜릿'을 외치며 하얀 피부와 노랑머리 이방인들의 모습이 신비롭기만 했었기 때문이다.

그런데 카투사로 군에 입대해 미군부대에 배치되어 그 신비롭게만 보이던 미군 병사들과 많이 다투었었다. 그들과 다툴 이유는 많았다. 우선 우리 카투사들의 영어가 짧아 그들이 우릴 무시했다. 그 때만 해도 서양 문화에 익숙하지 않은 우리가 음식 먹는 소리를 낸다고 멸시 당하기도 했다. 그 당시 이미 미군의 지원병제가 사행된 터라 자질이 부족한 병사들과 빈민 출신의 흑인 병사들 때문에 그들과 우리의 갈등이 더 했을지도 모른다.

이후 국영 관광진흥기관의 주재원으로 파견되어 뉴욕에서 근무도 하고 공부도 하면서 미국의 실체에 다가간 적이 있었다. 꿈에 그리던 뉴욕 근무의 결론은 사람 사는 모습이 동서양을 막론하고 크게 다르지 않다는 것이었다. 다른 게 있다면 삶의 방식인 문화 차이가 있을 뿐.

역마살 탓인지 이런 저런 이유로 평생 세계 곳곳을 누빌 기회가 있었던 내게 아프리카의 희망봉은 마지막 희망이었다. 그러나 주로 출장에 의존해 여행을 하던 내게 희망봉을 밟을 기회는 그렇게 쉽사리 주어지지 않았다. 아프리카는 내게 멀고도 먼 대륙이었다. 끝없는 사막과 초원의 지평선 그리고 야생 동물들의 질주가 연상되는 그 곳은 전혀 다른 사람들이 전혀 다른 모습으로 살고 있을 것만 같았다.

아프리카 땅을 밟을 기회는 대학으로 직장을 옮긴 후 안식년을 맞아 마침내 찾아왔다. 그러나 불행하게도 나의 안식년은 외환위기와 함께 주어졌다. 1,600원대의 원 · 달러 환율은 아프리카는 커녕 가까운 동남아로의 여행도 망설여질 정도로 부담으로 다가왔다. 그러나 처음이자 마지막으로 주어진 안식년을 보다 멋지게 즐기는 일을 환율 때문에 포기할 수는 없는 노릇이었다. 그래! 내일 모레 삼수갑산에 갈망정 평생에 한 번 온 기회, 빚을 내서라도 가보는 거야.

그래서 아내와 나는 배낭을 무겁게 꾸려 열여덟 시간의 오랜 비행 끝에 마침내 아프리카 대륙 남쪽 끝의 케이프타운에 내렸다. 그러나 이게 웬일. 케이프타

• 코끼리 트레킹의 낭만과 여유

운은 미국과 유럽을 모아 놓은 모습의 선진국 중의 선진국이 아닌가. 웬만한 부자 집 정원에는 수영장이 갖추어져 있고 슈퍼마켓에는 부와 여유의 상징인 와인과 생활필수품들이 넘쳐 나고 있었다.

나미비아 비자를 받기 위해 케이프타운의 나미비아 영사관 겸 관광안내소에 들렀더니 영사 겸 관광안내인인 독일 출신 아주머니가 시간만 나면 나미비아에서 휴가를 즐긴다며 자랑이다. 다른 나라 여행은 안하느냐고 물었더니 유럽과 미국 등을 돌아보았지만 결론은 역시 나미비아란다. "위험하지 않느냐"는 나의 거듭되는 물음에 "천만의 콩떡"이란다.

그렇다. 적어도 우리 부부가 한 달여를 여행한 남아프리카공화국 · 나미비아 · 보츠와나 · 짐바브웨의 남부 아프리카 네 나라는 아프리카에 관한 우리의 편견을 완전히 깨는 곳이었다.

트럭을 개조한 버스로 모두 6천여km를 종주한 남부 아프리카 대륙의 곳곳에는 여행자를 위한 캠프 시설이 탁월하게 갖추어져 있었다. 롯지lodge를 겸한 캠프사이트에는 취사장과 화장실은 물론 저녁이면 여행자들과 어울릴 수 있는 레스토랑과 바 그리고 여행자들의 피로를 말끔히 씻어줄 수영장까지 완벽하게 갖추어져 있었다.

물론 아프리카에도 갈등과 만남과 행복이 있었다. 현지의 흑인 가이드와 운전수 · 여행사 직원 · 레스토랑 점원 · 기념품점 판매원 · 모코로 폴러 그리고 미국 · 유럽 · 호주에서 온 일행. 이들과의 만남과 갈등을 통해 세상은 어딜 가나 같은 모습으로 살아간다는 것을 다시 한 번 확인한 여정이다.

그러나 아프리카는 아프리카다. 캠프사이트와 며칠 만에 한 번 나타나는 도시를 제외하면 아프리카 대륙은 사막과 초원의 지평선, 온종일 내리쬐는 태양과 폭염의 연속이다. 말라리아와 식중독 위험 때문에 예방약을 복용하고 석수를 사 먹어야 하는 불편한 여정이다.

이 글과 사진은 아프리카 여행에 대한 우리 부부의 추억을 책으로 각인한 것이다. 우리 부부가 남들처럼 여행담을 술술 풀어내는 재주가 있었다면 이 여행기는 세상의 빛을 볼 수 없었을 것이다. 여행담을 재미있게 전달할 능력이 없어 아프리카에 관한 우리의 남다른 추억을 사진과 글로 전달하게 된 것이다. 우리 부부 주변의 지인들이 이 책을 통해 우리의 근황과 아프리카에서의 남다른 경험을 공유할 수 있다면 그것으로 우리는 만족한다.

그러나 우리 뒤를 이어 아프리카 종단 여행을 출발하려는 독자들에게 이 책이 길잡이 역할을 할 수 있다면 이 또한 더 없는 즐거움이 될 것이다.

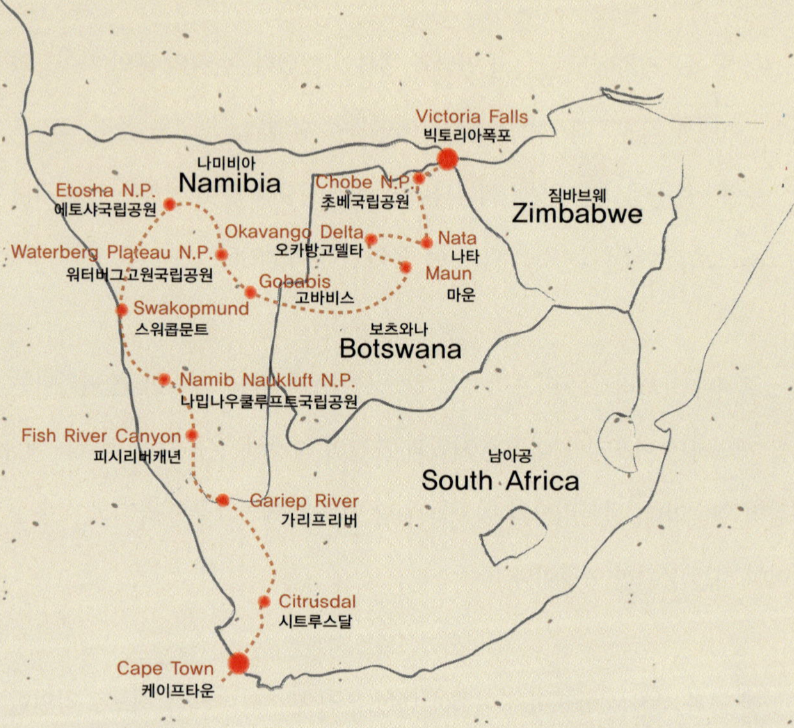

남부 아프리카 종단 여행을 통해 아내는 지쳤고 나는 아직도 왕성하다. 그래서 아직도 나는 여행을 꿈꾸고 있다. 그러나 아내와 나는 아프리카의 추억을 평생 보듬으며 살아 갈 것이다.

흰머리 휘날리며 남아프리카에서 객기를 부려본 박 의 서 드림

• 인천공항의 해후. 역시 가정과 가족을 대체할만한 가치는 이 세상 어디에도 없다.
여행은 돌아올 곳이 있어 좋은 것이다.

책 속의 Travel Tips

1. 남부 아프리카 여행메모

■ 날씨와 계절

날씨는 생활하기에 매우 이상적이다. 덥기는 하지만 그늘에만 들어가면서 시원하다. 우리가 트러킹trucking을 즐기는 동안은 건기여서 캠핑 중 비를 만난 적이 없고 매일 밤, 하늘로 뚫린 텐트에서 은하수와 별들을 만끽할 수 있었다. 계절은 북반구인 우리나라와 반대이다.

■ 치안

특별히 위험하지 않아 상식적인 주의만 기울이면 된다. 야간에 위험지역을 혼자 간다거나 현금 · 귀금속 등을 남에게 보이도록 소지하는 것은 도둑을 불러들이는 것과 같아 주의해야 한다.

■ 환전

남아공을 포함한 남부 아프리카 전역에서는 남아공 몬인 랜드가 통용된다, 짐바브웨만 별도의 공식 화폐인 짐바브웨 달러를 가지고 있지만 랜드를 사용해도 무방하다. 따라서 남아공에 도착하면 여행 기간에 필요한 만큼의 환전을 하는 것이 환전수수료를 절약할 수 있는 지혜이다. 남부 아프리카 전역의 도시지역엔 ATM(현금인출기)이 설치되어 있어 현금을 찾아 쓸 수 있다. 남부 아프리카 4개국의 환율은 대략 다음과 같으나 실제 여행 시는 따로 확인하여야 한다.

* 남아공 : 1 us$ = 7.7 Rand
* 나미비아 : 1 us$ = 8 Namibian Dollar(NAD)
* 보츠와나 : 1 us$ = 6.5 Pula
* 짐바브웨 : 1 us$ = 355,021 Zimbabwe Dollar

■ 음식

원주민들과 어울리지 않는 한 양식이 주식이 된다. 웬만한 규모의 도시 슈퍼마켓에서는 샌드위치나 식재료를 구입할 수 있으며 주유소의 편의점에는 카페테리아 또는 양식당이 있어 따뜻한 음식과 커피를 즐길 수 있다.

■ 복장

가볍고 통풍이 잘 되며 세탁하기 편한 면과 기능성 의류가 좋다. 반팔 · 반바지 등의 여름 옷이면 충분하지만 일교차를 감안해서 긴팔과 긴바지 그리고 가벼운 털 옷 한두 가지를 여벌로 준비하는 것이 좋다.

■ 화장지

웬만한 캠프장의 화장실에는 화장지가 비치되어 있다. 그러나 오카방코 델타와 기타 트러킹 중의 휴게소에는 화장지가 없음으로 개인용 화장지를 휴대해야 한다.

■ 언어와 에티켓

영어는 남아프리카공화국과 나미비아의 공용어이다. 보츠와나와 짐바브웨서도 영어가 통용된다. 그러나 원주민들은 영어 이외에 보통 10여개의 현지어를 구사한다. 아프리카에서는 현지인을 향해 손가락으로 지칭하는 것은 모욕과 같은 것으로 간주됨으로 주의해야 한다.

■ 숙박

여행 일정에 맞추어 캠핑장과 롯지lodge 또는 샬레chalet가 곳곳에 위치해 있다.

■ 교통수단

도로사정이 좋지 않은 사막 횡단을 위해서는 현지 투어 오퍼레이터tour operator들의 트러킹 서비스trucking service를 이용하는 게 가장 바람직하다. 에어컨 등의 편의시설을 갖추고 있지는 않지만 아프리카 사막 횡단과 사파리 투어를 위해 가장 적합한 조건으로 개조되어 있다. 현지 사정에 익숙한 유럽 사람들은 랜드크루저land cruiser와 자가용을 이용해 사막을 횡단하는 모습을 자주 목격할 수 있다. 곳곳에 주유소와 편의점이 있어 필요한 물건과 물을 구입하는 것은 물론 화장실도 사용할 수 있다. 하루 해가 저물기 전에 롯지lodge나 캠핑장에서 머물 수 있다. 단체 여행자들은 에어컨과 의자가 편안한 전세버스를 이용해서 여행하는 모습도 가끔 볼 수도 있다.

■ 전기

국내 전기코드나 여행용 멀티코드가 맞지 않는다. 남아공에 도착하면 현지에서 남부 아프리카 용 멀티코드를 따로 구입해야 한다.

■ 비자

남아공은 1개월 이내 체재 시 노비자No~visa, 나미비아와 보츠와나는 케이프타운에서 사전 비자, 짐바브웨는 국경비자로 비자 수수료는 30불이며 90일까지 체류 가능. 나미비아는 800랜드(미화 약 100불), 보츠나와는 1250랜드(미화 약 120달러)이다.

■ 위생 · 예방접종과 비상약

말라리아 약을 처방받아 복용해야 하며 다른 아프리카와는 달리 황열병yellow

fever 예방주사는 맞지 않아도 된다. 여행용 소화제 · 지사제 · 감기약 · 상처용 연고 등 비상약을 준비하는 것은 필수. 여행 중에 살균용 세제도 반드시 지참해야 한다. 남부 아프리카 여행에는 모기약이 필수품이다.

■ 사파리여행의 필수 휴대품

타월 · 손전등과 여유분의 건전지 · 보온용 스웨터 · 방수 재킷 · 당일용 작은 배낭 · 여행용 큰 배낭(프레임이 없는 것) · 침낭 · 모기약 · 선크림 · 선글라스.

2. 남부 아프리카 4개국 정보

■ 남아프리카 공화국 The Republic of South Africa

* 수 도 : 프리토리아 Pretoria
* 공용어 : 11개의 공용어가 사용되며 이중 많이 통용되는 언어는 영어 · Afrikaans · Xhosa · Zulu 등.
* 종 교: 기독교 65% · 무슬림 2% · 힌두 1.5% · 유대교 1% · 기타 토속종교 27.5%
* 전 압 : 별도의 여행용 플러그가 필요하며 우리나라 것과 맞지 않아 현지 구입이 최선
* 한국대사관 주소 : Greenpark Estates #3, 27 George Storrar Drive, Groenkloof, Pretoria 0181, South Africa
  - 영사과 건물 : S7 Groenkloof Forum Office Park, 57 George Storrar Drive, Groenkloof, Pretoria 0181, South Africa
  - 대표 E-mai l : korrsa@mweb.co.za

• homepage : zaf.mofat.go.kr

* 연락처 :

  • 대사관 전화 : 460~2508 · 대사관 팩스 : 460~1158

  • 영사과 전화 : 346~4542 · 영사과 팩스 : 460~1159

* 근무시간(대사관 및 영사과) : 오전 8시~오후 4시 · 점심시간: 12:00~13:00

■ 나미비아 Namibia

* 수도 : 윈드훅Windhoek
* 공용어 : 영어 · Oshivambo · Herero · Nama
* 종교 : 기독교 70% · 토속종교 30%
* 전 압 : 별도의 여행용 플러그가 필요하며 우리나라 것과 맞지 않아 현지 구입이 최선
* 주재공관 : 주 남아공대사관에서 겸임

■ 보츠와나 Botswana

* 수도 : 가바론Gabarone
* 공용어 : Setswana · 영어
* 종교 : 기독교 75% · 토속종교 25%
* 전 압 : 별도의 여행용 플러그가 필요하며 우리나라 것과 맞지 않아 현지 구입이 최선
* 주재공관 : 주 남아공대사관에서 겸임

■ 짐바브웨 Zimbabwe

* 수 도 : 하라레Harare
* 공용어 : 영어 · Shona
* 종 교 : Syncretic(기독교와 토속종교의 혼합) 50% · 기독교 25% · 토속종교 24% · 무슬림 1%
* 전 압 : 별도의 여행용 플러그가 필요하며 우리나라 것과 맞지 않아 현지 구입이 최선
* 주짐바브웨한국대사관
  - 주소 : 3rd Floor, Redbridge, Eastgate Building, 3rd Street/ Robert Mugabe Road, Harare, Zimbabwe
  - 전화 : 756541/4
  - 팩스 : 756554
  - E-mail : admirok@zol.co.zw

3. 2010남아공 월드컵 정보

■ 개요

2010년 FIFA 월드컵 (영어: 2010 FIFA World Cup South Africa, 아프리칸스어: FIFA Sokker~Woreldbekertoernooi in 2010) 은 아프리카 대륙에서 열리는 최초의 월드컵 대회로, 남아프리카공화국의 요하네스버그(2개 경기장) · 포트 엘리자베스 · 넬스프로이트 · 케이프타운 · 더반 · 폴로콰네 · 블룸폰테인 · 프리토리아 · 루

스텐버그 등 총 10개의 경기장에서 2010년 6월 11일부터 7월 11일까지 한 달동안 열린다.

■ 개최도시 및 경기장

월드컵 개최도시	경기장	수용인원
요하네스버그	사커 시티/엘리스 파크	94,700/61,000
더반	모세 마비다	70,000
케이프타운	그린 포인트	70,000
요하네스버그	코카콜라 파크	62,567
프리토리아	로프투스 베르스펠트	50,000
포트 엘리자베스	포트 엘리자베스	48,000
블룸폰테인	프리 스테이트	48,000
폴로콰네	피터 모카바	46,000
넬스프루트	음봄벨라	46,000
루스텐버그	로얄 바포켕	42,000

■ 남아공 월드컵 조별 경쟁국

A조	남아공 · 멕시코 · 우루과이 · 프랑스
B조	아르헨티나 · 나이지리아 · 대한민국 · 그리스
C조	잉글랜드 · 미국 · 알제리 · 슬로베니아
D조	독일 · 호주 · 세르비아 · 가나
E조	네덜란드 · 덴마크 · 일본 · 카메룬
F조	이탈리아 · 파라과이 · 뉴질랜드 · 슬로바키아
G조	브라질 · 북한 · 코트디부아르 · 포르투갈
H조	스페인 · 스위스 · 온두라스 · 칠레

6. 여행 루트와 월드컵 개최도시 지도

초판 | 1쇄 인쇄 2010년 1월 20일
1쇄 발행 2010년 1월 25일

지은이 | 박의서
펴낸 곳 | 여행마인드(주)
펴낸이 | 신수근
편집디자인 | 장균이
일러스트 | 함정진 · 함영광
켈리그라피 | 채연수

등록 | 1997년 7월1일 제 300-1997-103호
주소 | 서울시 관악구 청룡동(구 봉천4동) 1592-9 동산빌딩 403호
전화 | 02-877-5688
팩스 | 02-6008-3744
이메일 | samuelkshin@hanmail.net

ISBN 978-89-88125-12-0 03930

정가 | 13,000원